하늘을 향해 그리다

하늘을 향해 그리다

초판 1쇄 인쇄 | 2022년 06월 15일
초판 2쇄 인쇄 | 2022년 06월 30일
지은이 | 한칠수
펴낸이 | 이재욱(필명:이승훈)
펴낸곳 | 해드림출판사
주 소 | 서울 영등포구 경인로82길 3-4(문래동1가 39)
　　　 센터플러스빌딩 1004호(07371)
전 화 | 02-2612-5552
팩 스 | 02-2688-5568
E-mail | jlee5059@hanmail.net

등록번호　제2013-000076
등록일자　2008년 9월 29일

ISBN　979-11-5634-509-1

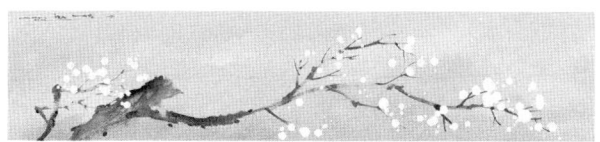

하늘을 향해 그리다

한칠수 에세이

기 도

누군가
그대를 위해 기도함은 사랑의 힘
그대 누군가를 위해
기도로 사랑 하소서

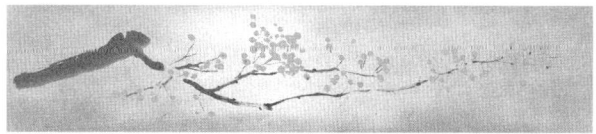

해드림출판사

책을 펴내며

일상 속에서 스치는 놓치고 싶지 않은
여운의 순간순간

　어느 날 문득
　글을 써보고 싶다는 생각이 들었다. 마음이 움직이는 대로 일기장에 낙서하듯 부담 없이 마음을 글로 표현하고 싶었다.
　일상 속에서 스치는 놓치고 싶지 않은 여운의 순간순간을 글로 남기고픈 욕심이 생긴 것이다.
　일기장도 되고, 편지글도 되고, 시집도 되는,

　이 작은 책 한 권에
　내 인생의 향기가 숨어 숨 쉬고
　내 생각이 펼쳐지며
　나의 철학도 담기리라.

슬픔도 기쁨도 감사함도 행복한 마음도 모든 것을 담을 수 있을 것 같다
젊은 날 기억 속에 남겨진 이야기를 꺼내어 훗날을 상상하며 꿈도 실어보기도 하리라.

친구에게, 동료에게, 그리고 친지 가족들에게, 자녀, 손주 후대까지,

차곡차곡 쌓은 글을 책으로 엮어 누군가에게 선물한다면,
훈훈한 마음의 선물이 되리라.
인생 여정이 막을 내리면 자녀에게 남긴 유언장이 되고
내 삶에 대한 감사함도 간직되리라.

온천의 증기처럼 사랑의 따뜻함이 피어나는 사람

2022년 5월 우산골에서

축하글

하늘을 향해 그리다

멋진 친구의 글을 원고로 받아 보고
아! 우리는 각자의 삶과 분야에서 아름답게 늙어가는구나,
생각하며 눈시울이 붉어졌네.
친구의 마음이 담긴 소중한 글에 화가로서 살아가는 나의 그림이 칠수 친구의 작품에 누가 되지 않을까 걱정이 되네.

진심으로 축하하고 '하늘을 향해 그리다'를 출간하며 내 그림을 실어주어서 고맙고, 사랑하네.
소주는 자네가 사 주게나.
화가는 겉보기만 화려하네, 비단옷으로 치장하고 어두운 밤길을 헤맨다네.

2022년 6월
순천예총회장 홍경수

축하글

참다운 삶의 가치를 일깨워 주는

  신록이 푸르름을 더해 가는 날
죽마고우 친구에게서 전화가 걸려왔다.
명색이 글 쓰는 사람이라고 못난 나에게 자문을 구하겠단다.
나는 글을 잘 쓰지는 못하면서도 누군가가 글을 쓰고 싶다면,
언제든지 좋았고 존경하는 마음이 든다.
  그동안 친구의 생각을 여과 없이 적어서 한 권의 책으로 묶고 싶다고 했다.
  그리고 얼마 후 친구의 꾸밈없이 소탈한 내용의 원고를 읽으며 나는 한없이 부끄러운 마음이 들었다.

보탬도 가식도 없는 원고의 내용뿐만 아니라 진정한 가족사랑의 마음을 읽을 수 있어서 친구의 삶의 이야기를 통해 나의 삶을 반추해 보는 계기가 되었다.
　한칠수 친구, 그동안의 삶에 아낌없는 존경과 뜨거운 박수를 보낸다. 아울러 앞날에 무한한 행복과 행운이 함께하기를 진심으로 기원한다.

2022년 6월
순천문학회장 김광현

차례

책을 펴내며 4
축하글: 홍경수(순천예총회장) 6
축하글: 김광현(순천문학회장) 8

제1부 느낌

촛불(소망) 18
고백 19
나 그대 있어 20
기도 22
꿈속에서 24
나들이 26
나눔 28
내 마음 30
먼동이 틀 때 32
또라이들의 합창 34
바다를 보면 35
벤치의 주인 36
별빛 같은 나의 사랑아 38
분노 39

봄을 재촉하는 소리 40

봄비 42

빗방울 44

상상 45

살아간다는 건 46

새가 되어 48

한순간 50

새장 속의 파랑새 52

억울함 54

언제나 당신만을 바라볼게요 56

엄마의 정화수 58

응급상황 59

나를 찾고 싶어요 60

인생이란 62

오늘은 어버이날! 64

생각을 바꾸자 65

춤을 춰요 66

친구 68

한 번쯤 70

회갑 72

누구 작품일까 73

지난 그리움 74

제2부 마음

거지의 철학 78
꿈이란 놈 81
괜한 근심 82
그리움 84
김이순 선생님 퇴임에 즈음하여 86
나는 욕심쟁이 88
당신은 비타민 90
딸의 약속 92
마음을 다스린다는 것 94
마음의 상처 96
복권 98
삶의 부활 101
선물 103
세월 앞에 잃어버린 감성! 106
소통이 뭘까? 108
아내 비밀 30억 111
아내의 꿈 113
아내의 생일 115
아내의 질문 118
아들 생각 120

지워지는 건 축복 122
아빠 그거 아세요? 아빠 말투! 124
아빠는 뉴스도 안 보나요! 127
안부 전합니다 130
어버이날 134
온정 136
외손녀의 바람 138
이어지리라 새롭게 되리라 141
작은 행복이란 무엇일까! 143
친구야 146
행복 148
설렘 150
안녕! 나야 152
어머니 155

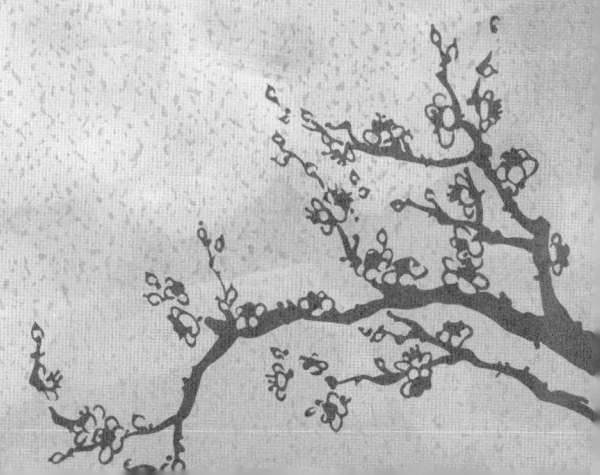

제3부 기도

가정 성화를 위한 기도 160

아침기도 162

아침에 164

찬미 예수님 1 167

찬미 예수님 2 169

찬미 예수님 3 172

찬미 예수님 4 174

사랑하는 내 사랑 177

배려의 힘 안아주기(나눔) 180

아버지 183

어머님 185

귀신은 속여도 나는 못 속여 188

사랑하는 글라라 1 191

사랑하는 글라라 2 194

아들 동승 197

사랑하는 딸, 아들에게 200

제4부 사랑

자식 바보 **204**
멋진 오늘의 주인공 명선, 우리 사위! **205**
祝 眞珠婚式(축 진주혼식) **207**
내 동생들 **209**
나는 알 수가 없네 **212**
막걸리 심부름 **214**
삶의 지혜 **216**
용기 **219**
나는 찔레꽃 **220**
친구의 선물 **222**

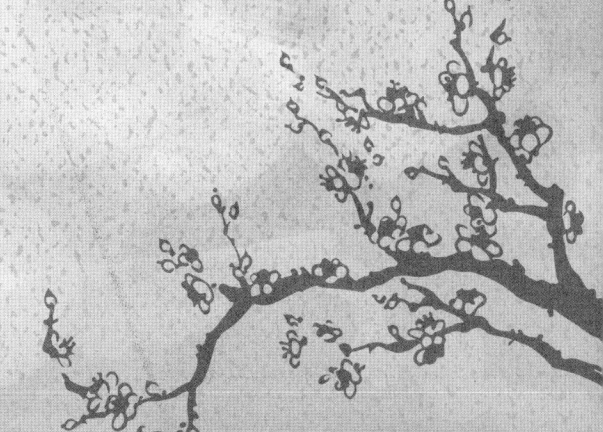

제1부 느낌

촛불(소망)

양초 심지에 불을 붙인다
잔잔히 타오르는 단아한 모습
흔들리는 마음을 붙잡는다

몸을 불태워 빛을 발하는 촛불
타오르는 불꽃
공기 흐름에 흐트러짐 없다

누구를 위해 불 밝히는가
마음을 담는다
근심도 소망도 불꽃이 된다

보이지 않은 힘이 있나
촛농은 흘러 촛대에 꽃잎 된다
간절한 나의 소망 빛이 된다.

고백

사랑한다 말해요
내 목소리 들리는가요
귀머거리 아닌 당신께
속삭이듯 말해봅니다

마음 활짝 열어봐요
내 마음 받아주세요
활짝 핀 꽃망울을 꿀벌이 찾듯
꿀벌 되어 다가가리다

내 목소리 들리는가요
애타는 심정 떨리는 가슴
소리 내면 숨어버릴까 봐
속삭이듯 말해봅니다

사랑한다 말해요
내 목소리 들리는가요
용기 내어 고백합니다
당신만을 사랑합니다.

나 그대 있어

나 희망이 있네
밝아 오는 먼동에 눈을 뜨고
신선한 공기에 아침을 맞이하네
오늘이 나의 새로운 축복!

나 슬프지 않네
인생이 부딪치고 힘들다 하여도
손잡아 주고 안아주는 손길에
마음의 상처가 아물어 가네

나 노래하며 춤추네
새들의 노랫소리 들을 수 있고
짝 찾아 구애하는 몸짓 부럽지 않아
보고, 듣는 마음의 창 열 수 있네

나 순수함 품어 보네
이름 모를 잡초 꽃이 예쁘게 보이고
뛰노는 강아지와 장난을 치며

흘러가는 뭉게구름 쫓아보네

나 두렵지 않네
어둠 속 간간이 비치는 빛을 보듯
밤하늘 반짝이는 별빛 속 별똥 빛 날듯
산등성 떠오르는 둥근달을 맞이하네

나 꿈꾸며 살아가네
푸른 초원 사잇길 달리는 어린이가 되고
선녀와 손잡고 하늘을 오르는 왕자가 되며
가장 평온이 잠든 엄마 품 아기가 되네

나 외롭지 않네
인생길 멀다 해도 손잡고 갈 수 있고
가는 길 쉬어갈 때 그대가 곁에 있어
항상 둘이기에 뒷모습 아름답다네

나 행복하네
환한 미소에 감사함으로
응원하는 박수 속에 힘을 얻어 집 나서네
따뜻함이 감도는 보금자리에 뉘어 쉬네.

기도

푸른 하늘
하얀 뭉게구름 피어오르듯
마음 가득 부픈
희망 솟아오르길

산허리 휘감는
안개 같은 기운이 되어
거친 산새 넘어 넘는 기운 간직하소서

예쁜 꽃망울
오가는 사람 눈길 붙잡듯
그대 행복 넘치는 삶 되소서

잔잔한 호수가
원앙새 짝처럼 평화로운
그대 부부님 사랑과 행복 가득하소서

누군가

그대를 위해 기도함은 사랑의 힘
그대 누군가를 위해
기도로 사랑하소서.

꿈속에서

나는 작곡가
나의 감정에 음률 넣고 악보를 만들어
기쁨도 슬픔도 노래하네

난 노래하는 가수
천상의 목소리로 감정을 표현하며
기쁨도 슬픔도 노래하네

나는 무용수
몸짓 하나로 나래를 펼치며
기쁨도 슬픔도 춤으로……

난 붓을 든 그림쟁이
마음 움직이는 대로 색을 더하여
아름다운 마음을 그리네

나는 세상 멋쟁이
지켜보는 이 없지만, 세월 벗 삼아

노래하며 춤을 추네

석양빛이 말하네
나의 친구가 되어 달라고
너의 그림자로 있으니 외로워 말라고

난 꿈속에서 미소 짓네
저 멋쟁이가 자신이란 사실이
일장춘몽 이런들 어떠리.

나들이

호수를 무리 지어 헤엄치는 오리
두 마리씩 혹은 서너 마리가
잔잔한 물 위에서 물길질 한다

두더지 게임을 하는 듯
숨바꼭질하는 듯
물속을 드나들며 먹이를 찾는다

늘어진 수양버들 줄기 속
숨어있는 청둥오리 두 마리
아마도 첫 만남이 아닐까

물가 휴식하는 갈색 오리
할아버지 할머니 오리일까
헤엄치다 지쳤나 꼼짝 않고 있다

두둥실 떠 노는 오리 가족
어린 자식 데리고 나들이하던

젊은 날을 회상하게 한다

아름다운 저 모습을 부러워했었나
철없던 시절은 그냥 돌을 던졌고
훼방꾼처럼 소리 지르며 날려 보냈다

이제 나이 들어 철들어 가는 걸까
저들에게 위로를 받고 있으니
마음의 평화가 석양에 물든다

한 폭의 그림처럼 펼쳐지는 풍경이
나를 무릉도원으로 안내하고
손잡은 아내와 함께하니 그냥 좋다

해가 지는데 저들의 집은 어딜까
아마 저곳은 아닌가 싶은데……
그냥 보이는 대로 보고 살자.

나눔

나눔이란 마음을 표현하는 방법 중의 하나
무언으로 표시하는 방법이다.

나눔을 갖고자 할 때
대상을 선정하고 때를 생각한다

순간 생각을 실천할 수 있고
장기적인 계획을 세워 실행도 한다

나눔은 베푼다는 의미도 있지만
감사함이 담긴 표현이다

사소하고 작은 나눔은 정감이 있다
출근 준비에 챙겨보는 떡 조각

아침 식사 못 한 그대들을 위한 마음이다
더욱더 좋아할 것 같아 그대들을 선정했고

오늘 만날 시간을 정했다
나눔은 그대와 함께함의 행복 표현이다.

내 마음

힘들 때
눈빛만 봐도 마음을 알 수 있고
말하지 않아도
무엇이 필요한지 알 수 있지
누가 내 심정을 알랴

혼자만의 시간
자신을 추스르려 애를 써도
마음이 따르지 않고
생각과 언행은 따로 뒤범벅
슬프고 서운함 밀려오니
누가 내 심정 알까.

이건 아닌데
착한 딸, 자랑스러운 딸이 되고 싶고
좋은 아내 사랑스러운 아내이고 싶어
발버둥 쳐 보지만
내 마음과 다르게 행동이 되니

누가 내 심정 알까

그냥 혼자 있고 싶다.
엄마. 아빠, 남편
내가 힘들면 내가 손 벌려 도움을 청할 사람은
그래도 당신들이 있어서
힘들지만 버티고 있다는 사실
당신들은 알고 있는지
누가 내 심정 알까.

먼동이 틀 때

밝아 오는 아침 햇살 창문을 두드리고
신선한 산들바람 꽃향기 실어와 창가에 두네
눈 맞춤 고대하며 밤샘을 기다리는 강아지
창문 밖 기다리는 그대 아침 인사 나눈다

살포시 빛으로 다가와 잠에서 깨어라
창가에서 기다리다 창문 열라고 속삭이고
잘 잤다고 웃으며 기지개 켜는 응석쟁이 아내
더 자면 좋겠다고 아기처럼 말하네

창문 열어 밖을 보니 새날이 인사하고
주인님 맞이하는 꽃 내음 흙 내음
간밤 주인 맞이 청소했나 앞마당 촉촉하네
꼬리 치며 반기는 강아지 동구 밖 가자 하네

이슬이 방울 되어 풀잎 사이 맺어지고
떨어지는 물방울 햇빛에 반짝일 때
강아지 목줄로 줄다리기 시작하네

강아지는 달리자고 하고 나는 걷자고 하네

들판 분주하게 먹이 줍는 비둘기 가족
하천가 물보라 치며 유영하는 잉어들
갈대숲 웅크리다 먹이 낚아채는 회오라기
논에 물 대는 농부의 삽질 바쁘기만 하네.

또라이들의 합창

똑같은 소리
잘난 체하는 저 소리
부당하게 밀어붙이는 저 논리

개구리 합창은 사랑 구애하는 소리라
맑은 음색이 귀라도 시원하게 하지만
짜증이 밀려오는 소리

이해도 되고
손뼉도 쳐주고 싶은 맘
그렇게 하면 너는 좋아 묻고 싶은 소리

넘쳐나는 가짜 뉴스
이 방송 저 방송 핏대 세운 패널들
또라이들이 합창한다.

편 가르기 앞장서고
로봇 힘이 제일인 줄 착각하는 바보들
건전지 약 다할 때까지 계속하겠지.

바다를 보면

바다를 보면 기분이 좋습니다
그럼 바다가 기분 좋은 걸까요
내가 기분이 좋은 걸까요
내가 기분이 좋은 겁니다
내가 기분이 좋은 것은,
바다가 나를 좋아하기 때문이 아니라
내가 바다를 좋아하기 때문이에요
바다는 바다일 뿐입니다
바라는 것 없이 어떤 사람을 사랑하면
내가 그 사람을 좋아하기 때문에
그를 보는 것만으로도 행복해집니다
바다를 사랑하듯이
나는 좋아할 수 있는 아내가 있어서 행복하다
아내한테 고맙다

벤치의 주인

창 너머 보이는 놀이터 벤치
덩그러니 주인을 기다린다

하루 일상 시간별 주인은 누구일까
우선순위 주인을 맞이한다

새벽공기 가르며 운동 나온 그대를 위해
숨 고르기 자리로

점심 식사 후 차 한잔 들고 찾아오는 이
평온한 휴식을

유모차와 꼬맹이 나들이 나온 새댁
구연동화 발표장

손잡고 산책 나온 노부부
따스한 햇볕을 드린다

가로등 불빛이 분위기 돋우는 밤이 되면
젊은 연인 둘만의 비밀장소

누군가 잠시 머물다 떠나지만
놀이터 벤치는 새로운 주인을 기다린다

따가운 햇빛 세찬 비바람 눈보라에도
찾아주는 그대 있어 그대를 기다린다.

별빛 같은 나의 사랑아
_노래 들으며

들려오는 노랫말이 마음을 적신다
누가 이 노랫가락에 내 마음을 담았지
마음이 찡하고 목이 메었다

저 음색은 누구의 목소리 일까
노래 제목은 뭘까
노래 가사 속에 내 마음이 숨겨져 있다.

숨어서 엿보듯 하던 일 잠시 멈추고
숨죽이며 들려오는 노래에 눈을 감아본다
내 마음을 노래하는 저 한 구절 한 구절

부족함에 미안함도 사랑으로 노래하고
인연에 감사함 고마움도 선율에 담았다
내 마음 담긴 저 노래 부르고 싶다.

영원한 사랑을 노래하리라
이 시간 얼마나 소중하고 감사한지
내 마음 당신께 노래로 띄워 보낸다.

분노

진실이 왜곡되어 마음에 상처가 되니
하소연할 길 막연 하구다

구차한 변명은 흙탕물에 섞이는 심정이라
잠을 청하려 해도 잠을 이룰 수 없네

세상이 왜 이래
허공에 내 마음을 띄워 보낸다

긴 한숨 들이키고
진실은 누가 알아주지 헛웃음 짓는다

낄낄대며 재미 삼은 노략질
내 마음 상처는 피멍이 든다

죄짓는 자 천벌을 받는다
죄과 묻기에는 어이가 없네.

봄을 재촉하는 소리

나이 먹고 보니
세상 속 느끼지 못했던 소리가 들린다
사람의 소리는 잘 들리지 않지만
자연의 소리는 잘 들리는 것 같다

봄을 재촉하는 소리가 들린다
저 멀리 들려오는 바람 소리
빵빵대는 자동차 소리까지도
봄을 재촉하는 소리로 들린다

자욱한 안개 속 꽃망울을 휘감는 바람 소리
동구 밖 아침 운동하는 아저씨의 입김
개 짖는 소리까지도
봄을 재촉하는 소리다.

대지에 움틀 거리는 기운
땅속 깊이 박혀있는 나무뿌리 깨어남의 소리
꽃망울 터트리는 매화

겨울잠 깨어난 부스스한 개구리

하루가 다르게 푸른빛이 감도는 미나리밭
겨울철 텃밭에 남겨진 채소들의 생기
깊은 밤 소리 없이 내렸던 봄비
졸졸 흐르는 개울물 소리

봄을 재촉하고 있다.
메마른 토양에 물을 가두고
거름을 뿌리고 준비하라고 한다
바람 속의 외침이 들린다

들려오는 구급차의 사이렌 소리
길을 열어달라는 숨 가쁜 신호 소리가
봄이 온다는 소리로 자꾸만 들려온다
깨어나라 일어나라 봄이다!

봄비

아! 이 소리
빗방울 소리다. 얼마만 인가
세상에 먼동이 트듯
촉촉이 젖은 대지는 기운 나겠다

손꼽아 기다리던 빗방울 소리
눈을 뜨자 반기듯 인사하네
창문 밖 지붕 위 물방울이 토닥토닥
장단치듯 소리 내어 일어나라 하네

눈감고 들으니 어린 날이 떠오르네
두둥실 떠가는 빗방울에 정신이 팔려
옷 젖은 줄 모르다 감기도 걸렸지
비 맞지 말라는 엄마의 외침도

얼마 만에 들어본 정겨운 소리인가
고대하고 기다린 건 나만은 아니리라
땅속에서 싹 틔울 준비하는 씨앗도

나뭇가지 가지에 움 띄우려는 꽃망울도

아! 좋다
느긋하게 빗방울 소리를 듣다니!
농부님은 저 소리에 마음이 바빠지겠지
대지는 기운이 싹트고 꽃망울도 피겠지

봄소식이 들린다
토닥토닥 들린다
잠자리서 일어나라 재촉한다
봄이 와 있으니 기운을 받으라 한다.

빗방울

귀 전에 들려오는 빗방울 소리
토닥토닥 빗방울 튀는 소리
장단은 없어도 평온함을 노래하네

턱 마루 걸터앉아 바라보는 빗방울
두둥실 떠내려가며 차례로 흐르네
조심스레 부딪치며 유유히 떠가네

귀 전에 들려오는 빗방울 소리
토닥토닥 빗방울 튀는 소리
시상을 내려 감성을 자극하네

두둥실 흐르는 크고 작은 빗방울
사라지고 흩어지며 흐르는 물이 되네
줄줄 소리 없이 흘러만 가네

상상

눈을 감고 상상으로 펼쳐 보는 세상
누구의 간섭도 없는 나만의 세계

푸른 하늘 하얗게 피어나는 뭉게구름 되어
드넓은 하늘이 내 마음의 놀이터

끝없이 펼쳐지는 신세계
힘차게 솟구치고
달려도 지치질 않아
몸은 가볍기만 하네

뜨거운 태양도 두렵지 않아
초롱초롱한 별빛 사이 헤엄치듯 미끄러지고

어디선가 불어오는 신선한 바람이
꽃향기 실어와 사르르 잠들게 하네

동화 속 주인공 누구일까! 눈 떠보니
하늘나라 왕자님은 바로 나인 것을

살아간다는 건

하루 생활을 위해 눈을 뜨면
밀려오는 감정을 어떻게 다스릴까
어제의 고민과 갈등

누구를 위해 사는가
서운함에 답답한 가슴
하소연한다 한들 누가 이 마음 알까

한 치 양보를 바라는 것도 아니다
이미 나는 모든 걸 내려놓았건만
혼자라는 생각에 눈물이 난다

우리라는 테두리를 지켜가기 위해
울타리를 만들고 기둥도 세워보지만
자꾸만 혼자라는 생각에 힘이 빠진다

울타리에 장미꽃 심어 꽃피우고 싶다.
오가는 이 모두가 부럽게 바라보는 그런 집

언제쯤 완성될까, 그 희망을

한 치 앞을 내다볼 수 없는 현실에
모두 내 눈만 바라보고 있다
나는 신이 아니다. 나약한 인간이다

그대들과 나를 위해 오늘도 기도한다
진정한 마음이 하나 되어 서로가 힘이 되도록
힘들 때 서로가 힘이 되자고

삶은 함께하는 거다.
주위를 한번 살펴봐
얼마나 많은 삶이 서로 기대어 살아가는지.

새가 되어

창공을 높이 높이 날아 본다
이산 저산 골짜기가 발아래

철길 따라 미끄러지듯 기어가는 무궁화호 열차
빽빽한 아파트촌 소인국 개미집

햇빛에 반짝이는 수많은 반사경
버려지고 흩어진 난무한 비닐 쓰레기

골짜기 샘물 계곡 따라 하천으로 강으로
맑았던 물, 갈색으로 검푸른 바다 되는데

피어나는 뭉게구름 솜털처럼 보였건만
사나운 사자가 먹이 삼킬 듯 달려드네

바람에 몸을 실어 자율비행 시작하니
사냥꾼 매 한 마리 비키라고 소리치네

이곳저곳 품어내는 굴뚝 연기
퀴퀴한 냄새 코를 찔러 숨이 차네.

쫓아오는 먹구름 피하려고 발버둥 쳐보지만
검붉은 물방울이 날개를 무겁게 하네

지나가는 철새 무리 어디로 급히 가나
쫓기듯 도망치듯 어디론가 바삐 가네

이곳도 저곳도 눈물겹기 끝이 없네
꿈속에서 그려보던 낙원은 어디일까.

한순간

눈 깜짝할을
한순간이라 했던가
동녘의 먼동도 석양의 노을도

뜨는가 싶은 태양
구름 위 머물고
지는가 싶은 노을은
어둠이 된다

하늘에 먹구름
햇빛에 사라지고
푸른빛 하늘이 얼굴을 내미는 것도

아침이 언제였나
아니 벌써 점심이라
잠시 후면 저녁 먹고 자리에 들겠지

봄인가 싶은데 여름

가을이 기다리고 있다
빠르다

시간은 뛰고
계절은 달린다

새장 속의 파랑새

퍼덕이는 날갯짓 초롱초롱한 눈망울
새장 속 파랑새와 눈길 마주친다
몸을 다쳐 보호받고 있는 파랑새
보호받고 있다는 사실을 모르는지

눈만 마주치면 애원하듯 눈길을 준다
훨훨 날고 싶고 동료들과 함께하고 싶다고
이렇게 보호받고 싶지 않다고
새장의 문을 열어 달라 한다

파랑새의 새장은 잠금쇠가 없는 문이다.
마음 문을 열듯 마음으로 열어야 한다
마음에도 눈이 있다.
문이 보이면 그 문을 열고 나오면 된다.

새장이 열리면 하늘 높이 날고 싶고
동무들과 이곳저곳 숲속을 날며
꽃동산 쉼터에서 이야기꽃 피우고

재잘거리며 세상을 이야기하고 싶을 게다

파랑새는 지금 마음이 아프다
파랑새 애처로운 눈망울처럼
지켜보는 내 마음도 아프다
좋아지고 있다니 다행이다

보호한다면서 가둔다고 파랑새는 말한다
잘 알고 있다.
파랑새도 받아들이면 좋겠다
파랑새가 스스로 세상 가장 행복하길 바란다

파랑새가 창가 보이는 나뭇가지에 집 짓고
행복하게 살아가는 모습을 지켜보고 싶다
눈비가 몰아쳐도 꿋꿋이 살아가는
파랑새의 당찬 모습을……

억울함

한마디로
기가 막히다
모든 건 결과를 가지고
이야기한다

변명은 구차하고
누구도 이해하지 않는다
답답한 마음에
눈물이 흐른다

성악설을 믿어야 하나
성선설을 믿어야 하나
마귀는 장난을 치고
천사는 손을 잡아준다

하느님은 내 탓으로 받으라 하신다
모두에게 미안하다.
그래도 감사하다.

나의 억울함을 알아주는 이 있으니

억울함은 상대방을 알게 하고
나를 뒤돌아보게 한다
억울함은 나에게는 숙제다.
답은 내가 스스로 찾는다.

언제나 당신만을 바라볼게요

들판에 핀 예쁜 들꽃들처럼
바라보며 사랑하고 싶은 당신
그런 당신이 있어 행복해요
항상 들꽃 같은 내 사랑이여
언제나 당신만을 바라볼게요

묵묵히 미소 짓는 당신은 내게
늘 아름다운 빛이고 꽃입니다.
풀잎 끝에 맺힌 이슬방울처럼
수정같이 맑은 당신 영혼에는
언제나 당신과 내가 함께 있어요.

포근한 둥지 같은 따사로운 마음
소박하고 따뜻한 당신이 있기에
사랑과 진실의 한순간 언제나
나만을 사랑하는 당신의 마음
말없이 어깨를 토닥여주는 당신

힘이 들고 어려울 때 서로 챙겨주고
나만 사랑하며 바라보고 믿어주는
그대는 나의 인생의 영원한 동반자
언제나 당신과 함께라면 아름다운
세상에 살 수 있는 것이 행복입니다.

엄마의 정화수

엄마는
장독대에 정화수 떠놓고
먼동이 트기 전
두 손 모아 빌었지

비치는 뒷모습은
어린 내가 보아도 절실함이었어
무엇 때문에 저러실까
나는 이해를 못 했지

하얀 눈이 소복이 쌓인
추운 겨울날이면
장독대에 덩그러니 남아있는
정화수 한 그릇

오늘도 엄마는 또 빌었나
나는 이해할 수 없었네.

응급상황

마음에 경광등이 켜진다
우선순위 대처는 무엇일까
우왕좌왕 불안한 주변
멘붕이 밀려온다.

무엇이 잘못되었나
한두 가지 문제가 아니다
피를 말린다
침착하자고 주문을 외운다

원인은 어디에 있나
현 상황은 어떻게 진행될까
기도하는 마음으로
도움을 구하고 또 확인한다

이미 엎질러진 물이다
얼룩진 자국 어떻게 처리할까
문지르고 말려보리라
시간이 지나면 얼룩도 사라지겠지.

나를 찾고 싶어요

거울 속에 비친
네 모습이 아닌
꿈속에 그려보던
나를 찾고 싶어요
야호! 야호!

한 여름날 밤하늘
별빛 속 하늘을 날던
해변의 철썩이는 파도에
야망에 꿈을 실었던
나를 찾고 싶어요

밝아오는 햇살에
희망을 품었고
붉게 물든 석양 노을에
마음을 달래던
나를 찾고 싶어요

언제나 춤추며
흥겹게 노래하는
흐르는 강물처럼
가는 세월 벗 삼는
나를 찾고 싶어요
야호! 야호!

인생이란

시작이 다르고 과정도 다르다.
축복과 환희에 찬 기대에 시작도 하고
안타까움에 눈물로 시작도 한다

본인 의지와 상관없이 주어진 환경에
금수저가 되고 흙수저가 되듯
어미의 능력이 인생을 결정하기도 한다

보이지 않은 신분과 계급이 있고
누군가 결정하여 주어지지 않지만
스스로 판단하여 자신을 구속한다

뭐 별거냐며 받아들이는 이도 있고
고달프고 힘들다. 징징대는 이도 있다
당당함과 애처로움이 공존한다

둥글다 각지다 표현도 한다
비우는가 하면 채우기도 하고

받아들이기도 기대하며 살아간다

짧다고 하고 길다고도 한다
굵고 짧게 가늘고 길게 보일 수 있다
자신은 모르는데 남이 판단한다

인생은 딱 두 수, 밖에 없다
이런 수 하나 저런 수 하나
행운이라 믿으면 행복하다
잊고 살아간다는 것.

오늘은 어버이날!

돌아가신 어머니를 생각하지도 못했다
동생이 어머니 영정사진에 카네이션을 달아드렸다고
사진을 보내왔다
슬프다
어버이날 빈자리 어머니를 생각조차 못했다니!
뭔가 중요함을 놓치고 살아가는 내 모습을 보는 것 같다
노래 듣기를 좋아하셨고 부르기를 좋아하셨던
어머님께 죄송하다
돌이켜 보니
좋아했던 노래는 삶의 애환과 서운함을 노래했으리라
생각이 든다
참 슬프다
그 누가 알아주지 못해도 그럴 수 있겠지
서운함이 있어도 스스로 핑곗거리를 찾아
노래로 한을 풀었으리라
오늘도 저 하늘에서 못난 자식을 지켜보시며
혹 노래를 부르고 계시려나.

생각을 바꾸자

가엾다고 생각하지 말자
안타까운 마음이지만
기약의 시간이 있고
예정된 행복이 기다린다

사랑하는 가족이 있다
당신이 응원하고 있음에
두렵지 않다

새날은 매일 된다
성탄절 신년 맞이
이곳이나 그곳도 마찬가지
마음 평온이 축복이다

나를 향한 가여운 생각은 마라
내일이 희망이다
잠시 머무는 이곳 불편할 뿐
당신이 나를 사랑하듯
나 또한 당신을 사랑하니까

춤을 춰요

신나는 음악에 맞추어 춤을 춰요
리듬에 내 몸 맡기어 흔들어 봐요
나이를 잊으세요. 통통 튀어 봐요

공기를 가르며 손 박자 쳐 봐요
손들어 흔들며 하늘을 저으며
바닥을 힘차게 차고 뛰어도 봐요

비틀비틀 넘어지듯 리듬에 맞춰
신나는 음악에 맞춰 춤을 춰요
눈 감고 바람과 함께 날아 봐요

세상사 모든 거 흔들며 잊어요
두루미처럼 고고하게 폼도 잡고
사랑을 구애하듯 멋지게 춤춰요

힘들고 고달파도 그냥 춤을 추어요
한잔 술 핑계 삼아 용기를 내세요

즐거운 마음으로 신나게 춤추어요

좋은 사람 누구든 함께 춤을 춰요
다정하게 손잡고 눈빛도 마주하며
어깨동무하면서 함께 춤을 춰요

친구

언젠가부터 자네를 이해할 수 있었어
이해한다는 단어가 마음속에 자리했지

자네 심정 어떤지 굳이 말하지 마
털어버리고 싶거든 숨기지 마

어떤 말을 해도 받아들일 수 있고
답이 없다 해도 들어줄 수 있어

주고받는 한잔 술이 위안이 된다면
술 한잔 핑계 삼아 마음을 열어봐

인생이 뭐라고 그렇게 고심해도
답은 자네가 제일 잘 알고 있잖아

그냥 지껄이는 상스러운 말투도 이해해
인격이 밥먹여 주나! 그냥해

세상 모든 게 호락호락 받아 주지 않지만
언제든 술잔을 나눌 수 있는 나 있잖아

술이 고파도 친구가 정 한잔 먼저 채워줌세
뭐 인생이 별거인가 술 한 잔 받게나.

한 번쯤

산들바람 벗 삼고
뭉게구름 흐르는 대로
우리 한번 떠나자
크게 숨 들이마시고
허공 향해 내 쉬면서

일상을 뒤로하고
정처 없이 걸어보자!
우리 한번 떠나자
발길이 머무는 곳
하늘 아래 쉬어가며

걸어온 길 뒤돌아보고
웃음 한번 지어보자!
우리 한번 떠나자
바쁘게 움직이는 자동차들
볼 수 없는 세계로

아무도 없는 자연 속
나만의 시간 가져보자!
우리 한번 떠나자
먼동 트는 햇살에 기운을 담고
지는 노을에 위안을 품어 보자

그림자와 벗하며
풀벌레 소리 들리는 그 길을
우리 한번 떠나자
밤하늘 별빛에 소망 담아
별똥별에 나의 꿈 실어보자!

회갑

부모님 세대가 떠오르는 단어
자식들이 한복 차려입고 축하드리던 날
부모님을 자식들이 등에 업고
식장에 입장하면 축하연을 시작했다.

술잔을 올리고 준비한 선물도 드리며
자식들이 큰절로 고마움을 표현했다.
부모님의 형제자매 가까운 친지도
친구들, 마을주민도 축하를 했다

온종일 술 마시며 가무로 축하했다
기념을 길이 남기기 위한 촬영을 위해
사진사는 사진 찍기에 종일 바쁘게 움직였고
음식 준비한 아낙은 모자랄까, 가슴 졸인다

와자지껄 떠드는 소리에 정신이 없고
파할 때쯤이면 서운한 소리도 말리는 소리도
싸움은 아니지만, 술기운에 큰소리 한마디씩
회갑 날은 새롭게 태어난 어른들의 잔치였다.

누구 작품일까

하늘을 온통 하얀 구름으로 칠했네
구름 사이 여백에 푸른빛 비치고
구름 사이 펼쳐지는 태양 빛 펼쳐지니
눈길 닿는 곳곳이 아름다운 작품이네

하늘에 바다가 그려져 있고 섬도 있네
저 넓은 하늘에 누가 그린 그림인가
푸르른 산자락 위 아름다운 풍경이
평화로움 느껴지고 감탄사 절로 나네

누구도 흉내 낼 수 없는 저 아름다움
누구를 위해 그렸나 화가는 누구일까
한순간 그렸다 지워버리네
왜 일까
태양인가, 달인가
바람이었나.

지난 그리움

전화를 걸까 상상 속 전화를 걸어본다
특별히 할 말은 없지만 그리움에
너의 목소리 듣고 싶어 전화를 걸어본다

아득한 옛날이 되어버린 우리 이야기
너는 잊었는지 모르지만 생생한 사연들
인연이 아니 되어 그리움으로 남아있다

문자로 소식을 물을까 망설이다. 멈춘다
누군가 우리 사이 훔쳐볼까 두려움도 생기고
답장이 없으면 그 추억 지워야 할 것 같아

어떻게 지내냐 잘 지낸다고 대답하겠지
철없던 옛 시절로 그리움이 안내한다
그땐 왠지 좋았고 보고싶었던 것은 짝사랑일까

연인이라 하기보다는 한 동네 그냥 친구
누군가 우리 모습 연애한다고 할까 봐

다정하게 다가가서 이야기도 못 했지

순수했던 그 시절 오늘도 떠올리며 웃는다
참 바보였어, 아름답게 연애 한번 해 보는 건데
그리움 나만의 생각일까 나 혼자 웃는다.

제2부 마음

거지의 철학

거지란 단어를 떠올리면 구걸이란 단어가 생각난다
의식주를 스스로 해결하지 못해 남에게 거저 빌어먹는 삶을 이어가는 경제적으로나 신분적으로 사회에서 최하위 계층에 속하는 사람을 말한다
거지는 철학이 있을까 철학이라기보다 희망, 꿈이 있을까
현 생활을 탈피하기 위해 무슨 계획이 있을까?
일과 중 실천사항이 있을까? 있다면 무엇이 있을까?

오늘 하루 나 자신 거지의 삶으로 들어가 본다
한때는 누구에게도 구걸해 본 적이 없던 나 자신이 아니던가
무엇이 나를 이렇게 만들었나 반성 없이는 한 발짝도 나설 수 없다

현재 나를 인정한다는 것
미래 나 자신이 그려지지 못한다면 나설 수 없는 세상이다
거지 삶은 누구에게나 뜻하지 않게 찾아올 수 있다
구걸이 아니라 할지라도 생활 속 궁핍, 여유를 갖지 못한 정신적인 허덕임
주변인 시선에 안타깝게 비치는 삶이라면 그 삶 또한, 거지 아닌가!

현 생활을 탈피하기에는 시간이 필요하다
한정 지어진 짧은 시간에 도달 가능한 절실한 목표가 필요하다
목표가 있기에 도전 또한 부끄럽지 않다
최우선 과제는 건강이다. 몸뚱이가 자본이 아닌가
건강 유지를 위해 노력하자 실천하자
어찌 보면 살아온 시간보다. 주어진 시간이 많이 남아있다
행복이란 단어를 꿈꾸며 하루하루를 열심히 사는 거다
현실로 돌아오면 너는 거지가 아니다
주어진 풍족함 감사함이 넘치는 생활이다
더 좋고 아름다운 꿈을 꾸며 살아갈 수 있지 않으냐
너 마음속에 꿈이 있다면
그 꿈을 이루기 위해 사소하고 작은 것조차도 쉽게 넘기지 마라
세상은 너를 응원하기 위해 준비가 되어있다.
스스로 그 보물을 찾아라.

보물은 쉽게 찾지 못하지만 누구에게나 기회는 주어진다
나이 성별 학력도 재력도 아니다
길을 잃을 수도 있으니 지도를 그려가며 꾸준히 찾아라
후회 없는 삶을 위해 노력하고 기도해라
너는 이미 축복받았고 그 축복을 누릴 수 있는 자격은 있다
너의 삶을 너무 잘 알고 있기에 응원한다
자신감을 가져라. 오늘도 너 자신을 칭찬해라
너의 신분은 거지가 아니라 태초부터 왕이었음을 잊지마라.

꿈이란 놈

내 마음 들었다 놨다 하네
혹 오늘 좋은 소식 생기려나
설레는 맘이 가득하다

잠자리에 들 때면
무사했던 하루가 꿈 풀이였나
혼자서 그놈을 한 번 더 떠 올리겠지만
그래도 오늘은 그놈 때문에
행운을 고대한다

누군가에게 꿈을 이야기하면
꿈을 파는 것이 된다 하여
꼭꼭 마음속에 숨겨두고픈
나만의 이야기

그놈이 일장춘몽이더라도
감사함에 좋은 생각이 꿈 되었다
생각하니
그놈 앞에 내 마음을 숨길 수 없다

괜한 근심

누가 걱정해 달라 했니
그냥 닥치면 방법이 있겠지 하고 살래
하느님께 지혜를 달라고 기도도 해 보고
주변 사람에게 물어도 볼래

하늘이 무너질까 왜 걱정하고 살아
무너지면 솟아날 구멍도 있겠지 하며
나는 나의 몸을 하느님께 맡길래
그렇게 고민하면 달라지는 게 뭔데

비행기에 몸을 실으면 그냥 맡기고
떨어지면 그냥 받아들이고
떨어진다는 확률도 없으니 편하게
착륙하면 뭐 할까 계획이나 세우면 될걸

그냥 나는 선택된 복된 사람이라 믿을래
누군가가 항상 도와주고 지켜준다고 믿고
행복을 나눠줘야 하는 의무가 있고

내가 누군가에게 필요하다는 사실을 잊지 않을래

괜한 근심 누가 버리라고 한다고 해서 버려져
꽉 쥐고 살아 그냥 욕심껏 쥐고 살아
근심으로 가득한 그런 걱정 부자가 좋으면
다 가져가 내 몫까지

그리움

멀리서 누군가를 애타게 부르는 소리
나의 어린 시절 그 시절로 안내 하네
해가 서산에 기울고 집마다 아궁이 모닥불
굴뚝 연기 품어 낼 때
멀리서 들려오는 목소리
엄마는 나를 찾고 있었어
저녁 먹자 나를 불렀던 거지
대답은 하지만 친구들과 헤어지기 싫어
알았다고 응대할 뿐
자리 뜰 생각은 아예 없었지
기다리다 지친 엄마
저녁 먹자고 또 나를 불렀어
아버지가 밥상에서 기다리신다
저녁 같이 먹자고
빨리 오라 하건만
알았다고 대답만 하고 무시했어
그때는 아버지가 나를 불렀지
명령이 떨어진 거야

나는 앞뒤도 안 보고 달음질쳐 집으로 향했어
아버지는 화를 내셨고 훈계하셨지
엄마는 밥 식는다고 빨리 먹으라 했고
허겁지겁 밥 삼키면 체한다며 물 마시라고 했어
밉지만 말없이 지켜보셨고
밥상머리에서는 개도 안 건드린다며
밥 먹고 나면 말씀하시라고 했어
몇 살쯤일까
생각도 나지 않아
그냥 엄마는 내 편이고 방패였지
석양이 지고 어둑해질 때
멀리서 들려오는 알아듣지 못한 소리
그리움을 싹트게 하네
애야! 애야!
당장 달려갈 텐데……

김이순 선생님 퇴임에 즈음하여

김 - 모락모락 피어나는 겨울철 호빵같이
　　따뜻한 마음과 아름다운 미소를 간직하신 선생님
이 - 모진 세월 마음을 다해 현대병원의
　　큰언니로서 마음고생 마다하며 지켜주신 선생님
순 - 진함은 순수한 소녀 같아
　　항상 애칭을 삼순 씨라 불렀는데!

호랑이띠 선생님
호랑이보다는
귀여운 예쁜 고양이로 보이는 것은
마음이 고운 분이기에
가장 힘든 50대에 가정으로 돌아가
자신만의 시간을 간직함에 축하드립니다.

무거워 힘들 때면 들고 있는 짐을 내려놓으면 간단한데
쉬운 답을 알면서도 놓지 못하는 게 인간 삶이 아닌가 싶은데
용기와 결단에 찬사를 보냅니다.

언제나 일은 시작하면 할 수 있지요.
다시 시작하면 더욱 기쁨이 크리라 생각합니다.
건강과 마음에 충전을 많이 하셔서
그동안 못다 한 가족에게도 사랑 가득 베풀 수 있는 시간이 되길 바랍니다.

현대병원 모든 부서마다 어렵고 힘들지만, 신생아를 관리하는 신생아실이야말로 힘든 곳이라 생각합니다. 그동안 묵묵히 그곳을 지켜주셨기에 덕분에 편히 지냈지만 개인적으로는 많은 부담으로 심적 고충은 말할 수 없었으리라 생각됩니다.

고생 많이 하셨습니다. 고맙습니다. 더욱 행복한 가정되길 빕니다. 항상 건강 하십시오.

삼순 씨라 불러드린 건 항상 신생아들과 씨름하는 게 힘들다는 것을 잘 알기에 힘내시라는 응원의 메시지였답니다.

혹 서운함이 있었거든 용서를 빕니다.
남편에게 사랑 많이 받으시길,
행복한 가정, 축복받는 가정이길 기원합니다

_한칠수

나는 욕심쟁이
_딸이 되어

나 자신을 돌이켜 보니 나는 정말 욕심쟁이다

어릴 때부터 남에게 지는 게 싫었고, 오빠에게 비교되는 것조차도 누구보다 모든 걸 잘하고 싶었다.

시험을 볼 때 한 문제라도 실수하면 겉으론 태연하지만, 울화가 터졌다. 성격 탓일까?

무언가 뜻대로 잘 안 된다고 느껴지면 울화통이 밀려오는데 감당이 안 된다. 이건 정말 욕심쟁이 심보가 아닌가.

잘 된다고 생각하면 훨훨 나는 기분이고 뭔가 답답하다 느끼면 의기소침해지는 건 무엇일까. 욕심이 문제다.

욕심쟁이 뭐든지 베풀고 싶고 주고 싶은 심정인데 현실이 그렇지 못함이 욕심. 이제 욕심을 내려보는 훈련을 해 보자.

나에게 요구하는 사람은 아무도 없다

그저 평범하게 감사함을 안고 살아가길 바랄 뿐이다.
이제 욕심을 버리자.
우리 부모님이 그렇게 살아왔듯 나도 살아가리라.
하늘은 스스로 돕는 자를 돕는다고 했다.
내가 바라보는 내 모습은 어떤가.
욕심이 지나쳐 욕심쟁이가 아닌가. 부정하고 싶지 않다.
그저 평범함이 싫었고 대충이 싫었다.
이제 성실함으로 느긋한 마음을 갖자
심장은 내 마음가짐이 원동력이다.
욕심이 벅차면 숨이 가빠온다.
누가 나더러 뛰라고 하지 않는다.
이제 나는 알았다.
나 자신이 얼마나 지독한 욕심쟁이 인가를…….

당신은 비타민

아침 출근길 아내가 옆 좌석에서 노래를 부르겠다고 한다.
전화기를 들고,

'생일 축하합니다,
생일 축하합니다,
우리 멋진 형부님 생일 축하합니다.'
아내는 천진하게 생일 축하 노래를 큰소리로 부른다,
'형부 생신 축하드려요. 촛불 끄세요. 힘차게 불어봐요. 힘없어요? 언니와 행복하세요.'
들려오는 형님은 처제 엉뚱함에 웃음 묻은 목소리다,

퇴직 후 용역회사에 적을 두고 회사 경비를 담당하고 계시는 형부께 아내가 노래로 축하 인사를 건넨다.
　어린 손주가 할아버지께 재롱부리듯 그냥 노래를 부른다.

　옆에서 지켜보는 나는 참 행복하다.
내 아내가 비타민!
누구에게나 가장 소중한 비타민!
나이가 무슨 상관인가!
마음을 다해 진심으로 응원하고 축하하는 방법,
누구도 흉내 내기 힘든 당신만의 비법인 걸 나는 안다.

당신은 비타민,
그냥 느낌대로 시도하는 순수함이 좋다.
　할머니 소리를 듣고 사는 나이지만, 영원히 비타민 효능을 유지하길 바란다.
　비타민은 젊음을 유지하기 위한 필수 영양제, 비타민 덕분으로 마음이 편안하고 항상 건강 유지할 수 있음에 감사하다.

　오늘 하루 시자도 비타민 효과로 행복하다.

딸의 약속

누구에게 말을 해도 쉽게 이해할 수 없는 내면의 상처 고충, 상처로 인해 황폐한 사막처럼 되어있는 나.
지켜보는 가족도 힘들고 나도 힘들다.
모르는 듯 덮어주고, 참아주고, 이해해주고, 희생해주고 손을 내밀어 나를 붙잡아 주세요.
마음은 내가 사랑해주고 감싸 안아주고 싶어도 두려움이 앞서니 많이 힘드네.
아빠 엄마 부탁드려요.
울화통이 밀려오면 하고 싶은 말 퍼붓듯 하는 나의 모습을 지켜보기 힘들겠지만 내 본뜻이 아니라는 사실 잘 알고 있지요?
고마워요. 도와주세요.
엄마 아빠가 곁에서 정말 힘들어하는 나에게 손만 잡아줘도 안정이 되고는 해요.

  우리 가족은 저의 내면의 어떠한 상처도 아프게 건드리지 않고 낫게 해주려 하신 것 잘 알아요.

  엄마! 힘들어도 저를 위해 최선 다해주심에 감사해요.

  어떤 힘을 빌리던 저의 고충을 낫게 하려고 저의 손을 잡고 함께 해 보자고 하면 저는 사랑하는 엄마를 믿고 함께할게요.

  나는 누구를 원망하고 싶지는 않아요

  하늘의 뜻은 좋은 나의 모습을 결실로 주실거에요.

  잠시 나나 부모님은 힘들겠지만 저는 믿어요.

  어떤 악한 힘도 저를 넘어뜨릴 수 없다는 것

  부모님이 기도하며 바라는, 저에 삶은 꼭 이루어질 거니까요.

  저도 힘낼게요. 사랑해요. 우리 서로 껴안고 이겨내요.

  _딸

마음을 다스린다는 것

마음의 상처
이 세상 나를 이해하는 사람은 단 한 명도 없다고 하자
그럼 나는 어떻게 할 것인가
상대방 때문에 내 기분이 좌지우지될 필요는 없다
기분을 이야기하는 거다. 이유도 묻지 마라
그냥 이야기한들 이해하기 힘들 테니까
나를 혼자 내버려 둬라
그냥 믿고 지켜봐 주면 되니까
힘들겠지만 기다려 주라
만약 나 스스로 힘들 때
도와 달라고 부탁하면 그때 도와주라
지금 난 체면이나 입장은 중요하지 않다

누구의 눈도 의식하고 싶지 않다
자식으로서 또는 아내로서 바라는 게 있다면 그냥 기다려 주라
나 자신은 내가 잘 알고 있다.
나 자신조차 나를 어떻게 한다는 게 힘들다.
정말 무슨 힘으로든 확 바꿀 수 있다면 바꾸고 싶다
확신한다
나 스스로 잘 극복할 테니까
불안감에 호들갑은 마음의 병 되니
쉽고 단순하게 긍정으로 생각해라.

마음의 상처

몸에 상처가 나서 피가 나면 지혈하고 소독하여 치료하면 된다.
봉합이 필요하면 봉합수술로 처치하고 시간이 지나면 치유가 된다.
상대가 있는 마음의 상처는 어떻게 해야 하나 상처를 준 상대는 상처조차 알지 못하고 내 마음의 상처가 깊어만 갈 때, 상한 마음 알아주는 이 없이 힘들어질 때 어떻게 해야 할까.
가정에서도 직장에서도 장소와 상관없이 일어날 수 있는 게 마음의 상처다.
가까운 친구에게도 직장 상사, 부하에게도 관계없이 받을 수 있다.
사람마다 성격이 다르고 생활환경도 다르다.
툭툭 던지는 말 한마디로 마음의 비수를 맞고 상처를 입기도

한다.

상대가 누구든 이야기를 해야 한다. 아프고 괴롭다고 말을 해야 한다.

상대가 알아차릴 수 있도록 말을 해야 한다. 그게 최선의 방어다.

자신의 소심한 성격을 탓하지 마라. 부딪치고 싸우자는 게 아니다.

최선의 방어를 한다는 건 자신이 환자가 되고 싶지 않다는 걸 표명 하는 거다. 마음의 상처는 나 스스로가 치료해야 한다.

상대를 탓하는 거 그것은 비굴하다. 모든 게 자신 탓이다.

어찌 보면 상처를 주고 있는 상대는 나 자신에게 상처를 받고 있을 수도 있다.

아프다고 말할 때 상대도 그동안 많이 아팠다고 말할 수도 있다.

서로가 소통하고 이야기 함은 서로에게 치료 처방이 될 수도 있다.

마음의 상처 처방은 진정한 용기다.

상대를 미워하는 게 아니라 존중하고 싶다면 용기를 내어 방어하는 거다.

이 순간 마음의 상처가 있다면 치료해라.

용기 내어 내일로 미루지 마라.

자신이 존중받고 상대를 존중하고 싶거든.

복권

한순간 일확천금 행운의 복권 당첨을 누구나 꿈꿔본다.
혹시 주인공이 내가 아닐까.
착각일지 몰라도 잠시나마 행복한 꿈에 젖어보기도 한다.
복권방에 가끔 들러보면 많은 사람이 심각하게 숫자를 표기하는 모습도 보면서 당신이나 나나 똑같은 생각에 이곳을 찾았으리라 생각해 본다.
복권 구매를 하는 이유야 다 다르겠지만 답답한 현실을 벗어나고픈 생각에 구매할 게다.
복권 추첨이 다가오는 토요일은 더욱 분주한 모습을 볼 수 있다.
혹 이 시간에 구매를 못 하면 행운을 놓쳐버릴 것 같은 기분이 드는 양 바쁘다.
꿈이 좋을 때면 복권을 샀다.

꿈속에서 번호를 받아 본 적도 있다.

며칠 전 꿈속의 번호를 3개 받고 아쉬운 마음에 더 받으면 좋겠다는 생각에 잠을 청했는데 2개의 숫자를 암시받듯 받았고 기억으로 5개의 숫자를 메모했다.

진정, 이 숫자가 행운의 숫자라면 나머지 1개 번호는 어떤 숫자일까 추리했었다.

인터넷 꿈풀이를 검색하여 숫자 1개를 찾았다.

조합한 6개 이 숫자가 당첨을 의미한다면 혼자 숨죽이며 기다려야 하나 하는 고민도 했다.

어려울 때면 항상 곁에서 힘이 되어주는 처형이 생각났다.

행운 또한 나눈다면 좋겠다는 생각이 문득 들어 처형께 5천 원 복권에 투자하라고 했다.

만약 당첨된다면 서로가 기쁨 또한 나눌 수 있겠다는 생각이 들어서였다.

시설과 직원 2명에게 꿈 이야기를 하면서 복권 구매를 권했다.

그대들 또한 나의 행운을 나눌 수 있다면 더 큰 기쁨 아니겠는가.

결과는 아직 없지만 막연한 상상이 마음을 기쁘게 하는 건 뭘까!

비록 한순간 꿈으로 사라질지라도 행복하다.

복권을 사고 기다리는 모든 사람이 한순간 이런 기분에 구매하고 또 다음을 기대하리라.

당첨으로 거금이 생긴다면 무엇이 바뀔까 생각 해본다.

생활고에 허덕임은 해소되겠지만 살아가는 방법은 별다르지 않으리라 생각한다.
 누구를 어떻게 도움을 줄 수 있을까 고민을 하리라.
 인간의 욕심은 끝이 없는지라 더 큰 욕심을 부릴 수도 있겠다는 생각도 든다.
 주변에는 너무나 어려운 사람이 많다.
 아무런 대가 없이 그들을 도울 수 있다면 얼마나 좋을까. 상상도 해본다.
 너에게 주어진 행운은 너만을 위해 주는 것이 아니라 공유하고 나누라는 받아들이는 게 당연하다고 하다고 생각한다.

 행복한 고민
 일장춘몽!
 혼자서 웃음을 지어본다.
 상상의 나래를 펼치는 건 자유지만 착각에서 깨어나라고.

삶의 부활

아침 눈을 뜨고 새 아침을 맞이하는 거
어제 힘들었던 일 잊고 또 시작하는 거
잔잔한 음악에 마음 다스리며 꿈꾸는 거

아침 깨우는 새 소리 들을 수 있는 거
오늘도 감사가 넘치리라 확신하는 거
따스한 햇볕을 반기듯 맞이하는 거

바람에 실려 오는 풀내음 흙내음을 느끼는 거
자연을 벗하여 인사를 나눌 수 있는 거
펼쳐지는 산천에 포근함을 느끼는 거

누구를 만나든 미소로 인사를 전하는 거
항상 빌어주고 축복을 나누어 주는 거
그대 곁에 함께함이 축복이라 믿는 거

미움은 잠시. 사랑은 영원하다 믿는 거
오해. 갈등 생겨도 먼저 손 내미는 거

만남은 인연이라 소중히 가꾸어 가는 거

불안과 조급함. 두려움에 벗어나는 거
어려움이 눈앞에 닥쳐도 평안함 간직하는 거
시련 속 삶의 의미를 찾아보는 거

선물

이제 인생의 뒤안길을 돌아보고 어떻게 살아왔는가를 한 번쯤 뒤돌아보아야 하는 나이
성탄절 선물을 받았다.
아내와 분위기 좋은 곳에서 술이라도 한잔하란다.
직접 선물을 갖고 찾아주신 박 선생님 이를 어떻게 표현해야 할지 적절한 표현이 어렵다.
'감사합니다. 참 그 손길이 부럽고 그 마음을 존중합니다.'라는 표현으로도 부족함이 느껴진다. 선물 내용을 알고 거절하고 싶었지만 차마 그 마음을 알기에 부끄럽게 받았다.
드리고 싶어서 무엇을 선물할까 고민하다가 현금을 넣었다니 그 금액도 적은 금액이 아니다.
하루 품삯으로 그 금액은 벌 수 없는 금액이다.

그냥 감사의 표현으로 받기에 부담이 된다.

이는 나에게만 주었던 게 아니다.

다른 직원이 나와 똑같은 선물을 받고 고민을 털어놓은 적이 있다.

돌려주어야 할지 어떻게 마음을 받아야 할지 고민을 하기에 나는 그냥 받으라 했다. 내가 받고 보니 괜한 걱정도 된다.

좋은 뜻으로 그냥 이해하자. 또 다른 이유가 있을까.

이는 기우이리라.

이런 기우를 생각하는 자체가 죄를 짓는 거다.

그대의 손길을 통해 메시지가 느껴진다.

주변을 제대로 살피지 못하고 살아가는 나 주변을 살피라는 뜻이 느껴지고 부족함 속에서도 나눔의 기쁨으로 행복을 찾으라고 한다.

감사함을 잊지 말라 한다.

성탄절 선물을 전달하는 이는 가정이 있는 가정주부요 두 아들 엄마이자 며느리도 있다.

처지를 바꿔 한번 생각해 본다.

이게 뭐지?

그대의 손길을 통해 나는 누군가로부터 풀어야 할 숙제를 받은 기분이다.

감사합니다.

이 축복의 따뜻한 마음 마음으로 받겠습니다.

항상 넉넉한 마음 간직하고 살아가는 모습 부럽고 함께함에 영광입니다.

올 한해 감사했습니다.

맞이하는 새해는 더욱 좋은 일로 행복하시길 기원합니다.

세월 앞에 잃어버린 감성!

성탄절이 다가오면 크리스마스 카드를 누구에게 보낼까!
좀 더 비싸고 크고 아름다운 카드를 보내면 더 큰 기쁨으로 받는 이가 행복해할 텐데 고민하고 고민하며 많은 카드 중 고르고 또 고르며 설렘을 간직했던 순간들……
직접 카드를 만들 때면 내가 만든 카드는 왠지 어설프게만 느껴졌던 그 마음 접어진 카드에 어떤 문구를 적어볼까.
표본 내용을 적어 놓고 어떤 글을 적어볼까 고심도 했다.
몇 자 적으면서도 왠지 글씨체가 맘에 들지 않아 고심했던 추억들 선택한 문구는 메리 크리스마스! 받는 이에게 모든 마음 다하여 함축된 글로 동봉하여 마음을 띄워 보냈다.
돌이켜 보니 감성이 풍부하고 순진했던 학창 시절이 아니던가 어떤 응대나 답글도 바라지 않았다.

그저 따뜻한 마음을 전하고픈 순수성 그마저도 받는 이가 왜 나에게라는 의문점 갖지 않기를 바라며 보냈던 크리스마스 카드 아기 예수 탄생이란 축복의 의미도 이해하지 못하며 그저 주변의 감사했던 누군가를 생각하며 밤잠을 설치지 않았던가.
  한 해가 또 저물어간다.
  한사람, 한사람 모두가 감사하다.
  카톡방에 남들이 보내준 따뜻한 영상 복사하여 전송하고픈 이가 너무 많다.
  모두에게 감사하다.
  마음으로 축복을 기원해 본다.
  이 어려운 환경에도 희망을 잃지 않고 행복하시라고 건강을 빌어본다.

소통이 뭘까?

세월 앞에 장사 없다는 말이 있다.
86세 아버지의 하루하루 삶이 실감나게 한다.
뇌경색이 진행되고 있다는 의사의 진단은 약을 먹어도 진행을 막을 수 없다고 한다.
요즘 부쩍 아버지의 일상이 이별을 준비하는 것 같다.
모든 일에 철저히 준비하고 실천하며 살아온 당신 스스로 이별에 관한 준비를 하시는가 싶다.
어머님과 사별하시고 외로이 견디어 내신 9년 마음속 깊이 애절한 마음 숨기며 살았을 진데
요즘 말을 잃어버리고 표현조차 마음대로 전달할 수 없는 현실에 얼마나 슬플까 생각하니 세월이 야속하기 끝이 없다.
화가 난다고 그게 아니라고 칭찬하고 싶은데 고맙다고 말하

고 싶은데 표현할 수 없는 현실 어떻게 받아들일 수 있을까!

말로 소통이 안 될 때면 손짓 눈빛으로 표현해 보지만 알아듣기가 너무 어렵다.

표현에 지칠 때면 그저 혼자 웃고 또 너털웃음으로 현실을 받아들이고 계시는 당신 아들이 무슨 일을 하든 미덥지 못해 사사건건 당신의 의견을 제시하다가 뜻에 맞지 않으면 역정을 내시던 그 모습 어디로 가버렸을까!

노인이 역정을 낸다는 건 건강하다는 뜻이라 누군가 그랬다.

이제 그런 역정을 내시는 모습을 대하기가 어려울 것 같다는 생각이 자꾸 든다.

언어, 문자, 눈빛 어느 것으로도 뜻을 헤아리지 못하는 현실 꽉 막힌 대화의 장벽 무엇으로 평안을 드릴 수 있을까.

아내는 아버님이 무언가 표현하시면 '네 잘 알았습니다. 네네' 하며 그 상황만 넘기려고 한다.

답답함을 이야기하면 무언가 그 뜻을 알아차려 시원하게 해결해 드리고 싶다.

더욱 잘 헤아려 보려고 노력하면 자칫 실망을 더 드리게 되는 결과를 초래한다.

아버지께 명찰을 드렸다.

긴급한 상황에 누군가에게 보여주어 전화를 부탁하는 내용이다.

아들과 며느리 전화번호가 적혀있다.

반려견은 사람과의 약속된 언어로 소통할 수 있지만 나와 아버님과는 약속된 언어가 없다.

  스스로 지쳐 포기를 기다리는 현실,

  모시고 산다는 표현은 모순된 표현이라는 생각이 든다.

  의견이나 뜻을 서로 이야기하며 소통이 될 때 모신다고 할 수 있다.

  그저 기도하며 아기 달래듯 달래는 며느리의 대화 방법이 최선인가?

  알았습니다. 네 네 답변하는 아들의 방법이 옳은 건가?

  나이 먹을수록 신체적 고충에 맞서야 하는 나약한 인간 소통은 신이 내린 축복 중 축복임이 틀림없다.

  대화하고 느끼며 깊은 마음을 헤아리는 삶이 아름다운 삶이 아닌가.

아내 비밀 30억

돈에 대한 걱정 없이 살려면 얼마쯤 있으면 될까.

두 부부가 60대에서 생을 마감할 때까지 자식에게 부담을 주지 않고 필요한 금액에 욕심을 부려본다면 약 30억 정도면 되지 않을까?

큰 금액이다.

행운의 복권 로또 1등에 당첨되어도 힘든 금액, 언제인가부터 이 큰 금액이 아내가 가지고 있다고 말하곤 한다.

돈에 관한 걱정은 하지 말라고, 당신이 필요한 금액은 줄 수 있으니 마음 편하게 살라고 한다.

웃음으로 받아넘기고 '그래' 하고 답은 하지만 그 순간은 큰 부자가 된 기분이다.

30억의 비밀은 딸이 알고 있다고 한다.

나에게 최면을 거는 기분이다.

언제 우리 부부가 그 큰 금액을 벌어본 적도 없다.

그저 바라는 30억이란 큰 금액을 바라며 살아간다고 믿고 있다.

돈을 확인해 주면 당신은 누구에게 줄까부터 생각할 것 같아 다음에 알려 주겠다고 하니 웃음이 난다.

스스로 부자라 믿고 사는 건지. 어려운 현실을 상상의 세계에서 착각으로 살아가는 건 아닌지.

현실적 이해할 수 없는 비밀의 30억을 이야기하곤 한다.

돈 걱정하며 바가지 긁지 않으니 마음은 편하다.

내가 바라는 건 아내가 건강하고 욕심부리지 않고 감사하며 행복한 마음 갖고 살아가길 바랄 뿐이다.

진정 돈 30억이 있어 내게 줘도 그 돈을 내가 쓸 수는 없다.

마음속 든든함에 돈에 대한 걱정은 털어버릴 수 있을 게다.

차원 높은 아내가 남편 기죽지 말라고 한 소리라 난 믿고 산다.

그래도 그 마음이 감사하다.

있다면 당신이 하고픈 건 다 해보라고 밀어줄 아내란 걸 알고 있기 때문이다.

단 도덕적 문제가 없다는 전제로 아내 비밀 30억.

바보 같은 생각에 혼자 웃어본다.

30억보다 10배 3백억 있다고 하지. 세상을 위해 좋은 일 한번 꿈꾸며 살 터인데.

아내의 꿈

우리가 살아가면서 힘을 얻어 살아간다는 말을 하곤 한다.
힘을 얻는다. 이게 뭘까!
결론은 희망을 포기하지 않으며 목표를 향해 정진할 수 있음이 아닌가!
그 힘을 사랑하는 가족에게서 얻고 있다면 이제는 바랄 게 없다.
사랑하는 아내가 미래에 대한 확신과 희망으로 열심히 살며 아름다운 꿈을 그리며 살고 있다.
그 생활에 같이하는 남편이 나 얼마나 좋은가 부러움이 없다.
덕을 보자는 게 아니다.
어디 쉽고 편안한 일이 있겠는가?
자존심 없는 사람 이 세상에는 한 명도 없다.
기대어 힘 얻을 수 없는 현실에 스스로 포기할 수 없기에 최선을 다하는 것을 삶의 목표로 정한 것 잘 알고 있다.
 미친 사람처럼 열정으로 다가서지 못함이 서운도 할게다.
 미안한 마음이 든다.
 오늘도 지쳐서 에너지가 고갈되어 '0'이라고 한다

 아내의 꿈 누구를 위한 꿈인가.
 우리 자녀 동승, 영원, 그리고 나, 엄마, 아내의 삶에서 힘을 얻고 또한 기죽지 말라고 더 열심히 살아보자고 외치고 있다.
 감사하다. 고맙다.
 우리는 한숨과 무기력한 삶에 지쳐서 사는 사람들과 동행할 것까지는 없다.
 희망과 꿈으로 무장한 이들과 함께함을 숙명으로 받아들이며 살아야 한다.
 오늘 하루에 감사하고 내일은 희망으로 또다시 도전하며 살아가는 것이다.
 아내의 꿈은 우리의 소망이다.
 먼 훗날이 아니다.
 주변을 보라! 최선을 다하여 사는 사람이 얼마나 많은지를.

아내의 생일

오늘이 아내의 58번째 생일이다.

아내 생일을 맞이하여 두 자녀와 아침 생일 밥을 함께 먹었다. 조촐한 식단이지만 뜻있는 시간이었다.

바쁘게 살아가는 세상에 모처럼 가족이 함께한다는 것이 좋았다.

요즘 세상은 자녀를 우선으로 생각하다 보니 자식이 부모님 기념일에 이벤트를 갖고자 해도 부모는 본의 아니게 만류하는 경향이 있다.

바쁜데, 감사하다, 등. 이렇게 지나친 사양을 자주 하다 보면 부모가 싫어하는 줄로 알고 받아들여 버린다.

그리고 혹 소홀한 자녀들의 서운함에 가슴 아파하는 부모도 있다.

아내는 말한다.

자녀들이 어렵고 힘들어도 가족을 위한 이벤트를 하고자 할 때 감사함으로 받으라고, 그 또한 교육이라고 한다.

아내의 생각에 공감한다.

노령으로 무릎 불편을 호소하시는 부모님께 마사지라도 해드리려고 해도 만류하시고 자꾸 회피하시는 부모님 앞에 나는 쉽게 다가가지 못했고 마음으로만 안타까워했다.

이렇게 주물러 주니 시원하고 좋구나. 하고 표현해 주셨다면 한번 또 한 번 더 스킨십으로 마음을 전했으리라 생각이 든다.

자식과 부모는 서로 뭔가 주고 싶고 서로에게 부담되지 않으려고 한다.

우리 아들딸이 엄마의 생일에 함께해 주니 감사하다.

자식으로서 기념일을 기억하고 감사 표현을 할 수 있음은 건강하게 성장했다고 생각한다.

아버님께서 하신 말씀이 생각났다.

'그놈의 자식, 제 아비 좋아하는 막걸리 한 병 사 오지, 돈이 없으면 제 아비 이름 대면 외상술도 줄 텐데…….'

육촌형이 언젠가 모처럼 군대에서 휴가를 나와 고향 집을 방문했을 때 혼자 하시는 말씀이었다.

부모님 돌아가시고 돌이켜 보니 그때 아버님은 간접적으로 너는 그러지 마라. 자식에게 일러주신 말씀이었다.

나는 어땠을까? 아무런 생각이 떠오르지 않는다.

아버님 생일이 여름 휴가철이라 매년 여름휴가를 고향 집으로 향하던 기억만 있을 뿐이다.

특별한 이벤트 한번 해보지 못함이 죄송스럽게 느껴진다.

연애 시절 먼 목포까지 수십 번을 오가면서도 고향 부모님은 명절에나 찾지 않았던가.

나의 인생에 파트너로 함께함에 감사하다.

정경숙 클라라, 아내와 어떻게 살아가는 게 아름다운 삶일까.

존중, 서운함이 없도록 상시 관심, 건강을 최우선으로, 하루 시작은 희망차고 기분 좋게, 잠자리에 들 때면 감사함이 충만하도록…… 자식들은 보고 배운다.

아내의 질문

여자의 삶으로 살면서 가장 불행한 여자는 누구라고 생각해?
생뚱맞은 질문이라 주춤하니 딸자식 없는 여자라고 한다.
나이 들어갈수록 그렇게 생각한다고 속 썩이고 가슴 아픈 일 있다 해도 누구에게 이야기 못 하는 심정 이야기할 수 있고 대화가 된다는 거다.
딸부잣집은 정말 좋겠다며 부러워한다.
아들, 며느리는 항상 거리감이 있다며 당신도 며느리지만 며느리는 며느리라고 한다.
무자식이 상팔자라는 말도 있지 않은가.
자식 앞에 보모로서 살다 보니 평생 가슴 졸이며 살아간다.
기쁨도 슬픔도 상시 존재하는 관계, 가슴 저림은 백발노인이 되어도 이어지기 때문이다.

긴 시간 딸이 힘들어할 때 아내도 매우 힘들어했었다.

너무 지쳐 쓰러져가는 모습을 지켜보면서 아내의 건강을 많이도 걱정했다. 그런 아내가 딸에 대해 간접적으로 이야기한다.

딸자식 없는 여자는 불행하다고.

자신은 딸이 있어서 행복하다는 거다. 감사하다.

모녀간 아름다운 일상 목욕탕도 함께 가고 차도 마시며 서로 의지한다.

달걀 한 판 나눠 가지며 서로 가지라고 아웅다웅하면서 다이어트 핑계 삼아 맛있는 음식은 서로가 나눈다. 보고 싶을 때 화상으로 마주하며 밤샘 토론을 이어지고 또 전화로 이야기를 한다.

엄마와 딸의 대화,

속삭이는 대화에 가슴 깊던 응어리가 풀리는가 싶다.

남편에 대한 화풀이 푸념일까.

하늘이 맺어준 소중한 인연 엄마에겐 딸이 연인이다.

지켜보는 나 부럽고도 행복하다.

남편이 채워주지 못함을 딸이 대신해 준다며 말없이 과제를 내민다.

아들 생각

모자지간 이란 하늘이 맺어준 인연
삶의 동반자
사랑으로 연결되어 기쁨도 슬픔도 공유해야 하는 관계 연인이자 편한 친구 같은 관계다.
굳이 설명하지 않아도 사정을 이해하는 관계 마음으로 질문도 하고 대화도 나눈다.
혹 서운함 있어도 그럴만한 이유를 찾아 지워버린다.

생일을 맞아 아들에게서 준 용돈을 받았다고 한다.
금액이 이십일만 원, 왜 일만 원을 굳이 주느냐고 물어보니 아빠 생일에 아빠께는 이십만 원 드렸다며 더 사랑하니까 더 드렸다는 내용이었다.

아들로서 엄마에게 함축된 마음을 만 원에 담아 드린 것 같다.

현실 속 어떤 금액을 드려도 되돌려 주신다는 사실을 알기에 마음을 표했으리라. 한 번쯤 생각하고 또 생각하며 어머님께 드린 용돈인 점.

엄마 내 마음 잘 아시죠!
아들은 엄마의 마음을 너무 잘 알고 있습니다.
감사 표현입니다. 사랑합니다.

부모님 바람이 무엇인지, 엄마의 응원이 무엇을 의미하는지. 아들은 잘 알고 있습니다. 당신이 키워주신 아들 열심히 살고 있습니다. 지켜봐 주시고 믿어주십시오.

울 엄마 감사해요.
생신 축하드려요.
항상 건강하세요.
엄마가 신청하신 노래 불러드려 행복했습니다.
힘드시고 지칠 때면 아들을 부르세요.
언제든 달려 갈게요.

지워지는 건 축복

하얀 종이 위에 떨어진 물방울 자국처럼
흐려져 사라지는 지내온 시간
아름다운 추억이 되고,
마음 한구석 아픔으로 자리 잡기도 한다
힘들었던 순간이 지워지지 않고
기억 속에 자리 잡고 있다면
참 힘들 텐데
잊어진다는 건 슬픈 일이지만
아픔과 슬픔이 지워진다는 건
축복이다.
내일을 고대하며 잠을 청할 수 있고
그렇게 미웠는데 웃으며 반길 수 있으니
언제 우리가 그랬어.

아빠 그거 아세요? 아빠 말투!

　허겁지겁 집에 들어온 딸이 오늘은 아빠에게 꼭 말해야 할 중대한 용건이 있는 것 같다.
　한 해 시작에 있어 자신에 대한 고민에 관한 이야기였다.
　항상 시작 시점에 많은 기대와 주변 시선 의식에 많은 부담을 느낀다고 한다.
　딸에 대한 아빠의 표현법이 너무나 서운하다고 말했다.
　변한 게 아니라 아빠는 살아오는 동안 평소에도 그러했다고 말했다.
　좋을 때와 싫을 때 표현법에 관한 내용이었다.
　남에게는 그렇지 않았을 거라는 딸의 이야기였다.
　'아빠 아세요? 할아버지께 말씀하실 때 투덜대며 성질내는 것' 그때마다 할아버지의 반응을 이야기했다.

그래!

미안하고 부끄럽다.

그리고 고맙다.

우리 딸이 정말 어른이 다 되었구나.

변명할 말이 없다.

진정 사랑의 표현 방법이 뭘까, 생각하게 한다.

어제저녁 딸과의 대화를 생각하며 많은 생각을 정리해 본다.

감사하다.

평소에도 그러했는데 바꾸기가 어렵겠지.

노력하마.

아니!

딸이 말하려고 하는 뜻 아빠가 흔쾌히 받아들이고 더욱 좋은 아빠 더욱 좋은 아들이 되어보겠다.

내 딸의 마음을 통하여 성모님이 나에게 주신 사랑의 메시지라 생각도 해보마.

아빠 눈치보지 마라.

너의 마음이 향하는 대로 정하는 게 후회가 없을 게다.

모든 결과 또한 자신이 하기 나름이기에 본래 너의 모습을 찾기 바란다.

아빠는 기억한단다.

'6년 다니던 그 길 3년간 더 다녀야 해요.'

아빠는 네가 신흥중학교에 가겠다고 했을 때 무엇이 너를 위한 일인지 고민했지만, 너의 선택에 손을 들어주었다.

　인생에 있어 많은 선택과 기회가 오지만 지금의 고민은 먼 훗날 뒤돌아보면 아무것도 아니었다고 말하게 될 게다.

　너무 조급한 마음은 마음을 상처 나게 할 뿐이다.

　자신을 칭찬하고 '그럴 수 있나.' 서운함보다는 '그럴 수 있지' 이해하며 여유를 갖기 바란다.

　올 한 해는 멋진 주인공이 되기 바란다.

　그리고 사랑한다.

　아빠는 무조건 예쁜 딸 영원이 편이다.

아빠는 뉴스도 안 보나요!

황당한 표정으로 아내가 다가와 말을 한다.
아들에게 전화해 주라고.
코로나 19 백신 주사를 맞고 약간의 근육통이 있어 휴식을 취하고 있는데 아들이 그런 사정을 엄마에게 이야기 듣고 걱정을 많이 한다며 아들 성격에 오늘 잠도 못 자고 걱정할 것 같다는 이야기였다.
주사를 맞고 아빠 몸 상태는 어떠하냐고 묻기보다 왜 백신을 맞느냐고, 요즘 뉴스도 안 보느냐고, 접종 후 후유증으로 문제가 많은지 모르냐고, 역정 내는 말투로 걱정을 한다는 이야기다.
병원에 근무하면 누구나 다 맞아야 하느냐고 어느 제약사 제품인지 알고 맞았는지 큰일이 생긴 양 걱정이 태산이라고 한다.
아들을 지켜볼 때 느긋한 성격이라 생각했었는데 오늘은 아니었다.

어찌 내 성격을 똑 닮았을까 생각이 든다.

성인이 된 아들로서는 부모님이 이제 판단력도 노화되었다고 생각할 수 있을 게다.

돌이켜 보면 나는 걱정이 많아지면 역정을 내었다.

불안하거나 결과가 사고로 이어지거나 했을 때 부모님께 하지 않아도 될 일을 굳이 해서 이러시냐고 푸념을 했었다.

그리고 그 말 뒤에 혼자 후회를 하곤 했다.

아들 심정 잘 안다.

어찌할 수 없는 상황이 닥친다면 아무것도 할 수 없는 자신이기에 답답함을 이야기했으리라.

인생을 살아가면서 나이는 그저 먹는 게 아니라는 사실을 깨닫는다.

나 또한 아들처럼 부모님께 이야기했었다.

가장 소중한 내 부모님이기에 그렇게 했다.

이제는 어떠한 상황이 눈앞에 벌어져도 결과는 돌이킬 수 없다는 사실을 먼저 받아들인다.

그리고 현 상황을 판단 차후를 생각한다.

몸을 가누기 어려운 노인이 문밖을 나서다 넘어져 쓰러졌다고 한다면 누군가는 그냥 방안에 계시지 왜 나오셨냐고 역정 내는 말투로 간호를 할 것이다.

누군가는 어디 다치신 곳은 없냐고 살뜰하게 간호를 할 것이고 누군가는 어린 아기 다루듯 상냥하게 간호를 할 것이다.

아침에 아들 카톡 문자가 왔다.

출근은 하였느냐며, 아빠 몸은 어떠냐며.

아무 탈 없다고 답장을 했다.

자식! 소심하기는 스트레스는 누가 주는 게 아니라 스스로 만든다는 사실을 아들이 알았으면 좋겠다.

안부 전합니다

삶의 길에서 인연이 닿는 한
언젠가, 어디에선가 보겠지, 만나겠지
하지만
아득한 구름 속으로 가물거립니다
저 숲 저 푸른 숲으로
고요히 발자국을 옮기지만
나는 웬일로
적막하고 외로워집니다.
라일락 숲에 내 젊은 꿈이
나비처럼 앉은 한나절 때 없이 밀려오는
그리움을 이렇듯 앞에 두고
외쳐봅니다
내가 얼마나 더
소리 내어 불러야
만날 수 있는지
나도 불러보고 메아리도 불러야
인연이 닿겠지
이것이다 내가 사는 것도

내가 사랑하고 또 사랑하는 것도
애타게 불러야 하는구나
내 눈물 속에서 피워낸
기쁨 한 송이 보내오니
내내
행복하시고 건강하시길 빌겠습니다
해 아래로 자꾸 따라오는 뭉게구름처럼
누구를 한 번씩 보고 싶을 때마다
싱싱한 잎사귀가 돋아난다는 것을
아시는 지요?

꽃을 피워야 꿀벌이 날아들 듯
마음을 열어 세상을 받아들인 당신의 마음이
풍요롭고 아름답군요
수정의 결실은 열매로 보답하듯
아름다운 당신의 마음은
감사함과 추억에 인연을 떠오르게 하는군요.

친구야! 힘내라
인생이 뭐 별거냐!
숨 한번 크게 쉬고 쉬엄쉬엄 쉬어가자.

어버이날

부모님은 안녕하시냐고 물어 올 때
대답이 주춤거려지는 건
부모님께 도리 다 하지 못한 점 때문이 아닌가 싶다

자식 된 도리로서 극진히 보살피지 못해
더 건강히 오래 사실 수도 있었건만
최선을 다하지 못한 점 주마등처럼 스쳐 가기 때문이다

두 분이 살아 계셨다면 좋은 날이 더 많았을 터인데
이제 마음속으로만 동경하고 그리움에 젖는다
살아생전에 잘하지 머리를 뇌친다

사랑은 내리사랑이라 했던가
자식 일이라면 모든 일 뒤로하고 우선으로 했는데
부모님께는 그렇게 하지 못했던 점 죄송하다

연로하신 부모님은 당연히 아프고 힘들어 할 수 있다.
불치병이 걸려도 그럴 수 있다고 생각했다

병원을 택할 때도 그냥 모시고 가서 치료를 했을 뿐

좋은 의료시설에 더욱 훌륭한 의료진을 찾지 못한 점
잘 치료될 거라는 막연한 기대 속에 시기를 놓쳤고
떠올리기 싫은 단어지만 방치했지 않은가

자식을 위해 한평생 헌신하신 아버지 어머니 앞에
한심한 자식 놈이 뭐라고 고 할 수 있겠는가
부모님 묘소 앞에 떳떳하게 잔을 올릴 수 있단 말인가

내일이 어버이날이다
두 분 묘전에 죄송한 마음 담아 잔을 올리고 싶다
감사한 마음 용서를 구하며 좋아하시던 꽃도 받치리라

아버지 어머니 감사합니다
저의 부모로 인연 주심 행복했습니다
아버지 어머니 사랑합니다.

온정

날씨가 차갑다.

옷은 계절에 맞게 입어도 춥게 느껴지는 건 마음이 뚫린 공간이 있어서 일까?

왠지 온몸이 으스스한 말 못 할 아픔이 마음속에 자리 잡고 있어서가 아닐까? 눈 덮인 산골 깊은 산중 어두운 밤 환한 불빛 사이로 오손도손 모여 앉아 이야기꽃을 피우는 소탈한 가족, 부족함 없는 사랑이 넘치고, 따뜻하게 온정이 느껴지는 영상이 자꾸만 스쳐 가는 건 무엇일까.

나의 소망인가.

피자 치킨이 아니어도 따뜻한 군고구마를 호호 불며 껍질을 벗겨 먼저 권하고 나누며, 예쁘고 곱고 맛있게 보이는 건, 사랑하는 가족에게 내미는 따듯한 사랑. 너무 뜨거울 때는 시원한 동치미로 달래 보며 하하 호호 웃어보고 싶다.

자식에게 부모는 온정이다. 부모에게 자식은 위안이다. 자식과 부모는 하늘이 맺어준 인연, 따뜻한 사랑 온정. 위안은 아무리 날씨가 매섭고 추워도 마음은 항상 포근하고 따뜻하다.
군고구마에 김이 모락모락 피어오르듯 추운 계절 동구 밖 뛰어놀다가 추워서 집으로 달음질 처서 안방 따뜻한 이불속으로 파고들던
어린 시절이 회상된다. 아무런 걱정 없이 포근함과 따뜻함을 만끽했던 그 시절, 힘든 사회생활 속 우리 자식들은 부모 곁이 포근한 이불이 될 수 있을까.
엄마 아빠는 항상 군불을 피워놓았는데.

외손녀의 바람

촉촉이 내리는 빗방울이 정겹게 느껴지는 아침이다.
출근길 차 안에서 아내가 어제 있었던 외사촌 조카의 딸 이야기를 꺼낸다.
외손녀는 내년이면 초등학교 입학을 앞둔 유치원생이다.
이야기는 며칠 전 엄마 아빠 다툼으로 냉전 중인데 외손녀가 외할머니께 고하는 내용이었다.
외할머니는 외손녀와 외손주를 돌봐주기 위해 격주로 군산에서 순천으로 와서 월요일부터 금요일까지 손주들을 보살핀다.
사건은 외할머니가 없는 주말에 딸과 사위가 말다툼이 있었는데 이유인즉 휴일에 사위가 가족과 시간약속을 어기고 밤늦게 귀가해 촉발된 냉전이었다.
외할머니는 내용을 손주들에게서 들어 잘 알고 있었다.

어제는 사위가 일찍 귀가하여 자기 방에 있고 손녀딸과 외할머니는 거실에 있었다.

손녀딸이 거실책장에 있는 엄마 아빠의 결혼 사진첩을 꺼내더니 한 장 한 장 넘기면서 외할머니께 또박또박 이야기했다.

'할머니 엄마는 할머니 딸이잖아? 서로 잘 화해하라고 해.' 할머니를 향해 요구한다. 할머니는 '이제 화해했다는데.' 하고 대답을 했다. 손녀딸은 집요하게 또 묻는다.

'화해했어? 하고 물었을 때 화해했어.라고 대답했어. 했어. 했어 했냐고.' 묻는다. '화해했어.' 하고 답했다고 했더니 '그러면 화해했네.' 하고 혼잣말로 중얼거린다. 짜증스럽게 대답했다면 화해를 안 하고 했다고 했을 거라는 생각을 한 것 같다.

사진첩을 보면서 이야기를 시작한다.

이렇게 좋아서 결혼했구먼.

흥! 좋은데도 가고 뽀뽀도 했고 마치 자기 아빠 들으라고 고하듯 큰 소리로 이야기하는 내용이었다.

방 안에서 딸의 이야기를 들은 사위는 딸과 장모님께 얼마나 미안할까. 상상이 된다.

구연동화 하듯 아내의 이야기를 들으며 손주 녀서들에 재롱이 뭘까 생각해본다.

할아버지 할머니 앞에서 장기자랑 하는 게 재롱이라 단순하게 생각했었는데. 커가면서 순간순간 눈치도 보고 소통하며 삶의 지혜를 가꾸어 가는 모습이 진정한 재롱이 아닌가 새삼 생각해 본다.

  자식 앞에 부모에 모든 행동은 교육이고 숙제를 풀어가는 방법 모습은 그들이 습득하고 있음을 알아야 한다.

  그에 엄마를 보면 자식을 알 수 있다고 해서 옛말에 사돈 간을 맺고자 했을 때 엄마를 기준으로 그 집안을 평했다는 이야기도 있다.

  무자식이 상팔자라는 말도 있지만, 이 말은 순간적으로 속상할 때 하는 말이지 맞지 않는 내용이다.

  자식은 하늘이 맺어준 가장 값진 인연이 아닌가.

  그들이 없었다면 이 순간 웃을 일이 없을 수도 있다는 생각이 든다.

  인연이 힘들기도 하지만 그 뒤에는 큰 축복과 기쁨이 있음을 삶에서 깨닫지 않은가.

이어지리라 새롭게 되리라

새해를 맞이하기 이틀 전
내일이면 올 한 해도 마무리된다
돌이켜 보니 모든 게 감사하다.
위기의 순간도 있었고 답답한 마음을 가누지 못해 많은 방황도 했었다.
하느님을 찾았고 성모님께 매달리기도 했다.
아쉬움은 항상 존재하는 것 새해도 올 한 해처럼 우리 가정에 안녕과 평안이 있기를 바라본다.
사랑하는 아내에게 감사하고 우리 영원이 동승이 명선이 감사하다.
울 가족 모두가 내일의 희망찬 꿈을 갖고 있다.
부딪쳐 헤쳐나가고 하늘에 뜻을 받아들이며 감사하는 마음을 갖고 살자.

니체는 말한다. 무언가를 이루려 한다면 치우친 욕망을 완전히 극복하지 않고 큰일을 이루려는 자나 프로가 되려는 자도 똑같이 어리석다 했다. 이 메시지를 한번 생각해보자.

잡다한 고민 생각하기 싫은 과거 훌훌 털어버리자.

희망찬 새해를 맞이하자.

새해는 자신이 꿈꾸는 대로 이루어지리라.

내일이 희망이다.

건강한 육신은 나를 깨운다.

작은 행복이란 무엇일까!

작년 10월 3일 지인으로부터 강아지 한 마리를 분양받았다.

어미와 떨어져 사는 강아지가 안타까워 실내에서 보름가량 키웠던 우리 집 꽁이가 지금은 어미 개로 성장하여 우리 가족을 지키는 집 지킴이로서 임무에 충실하다.

아침에 일어나 문을 열고 밖에 나가면 꼬리치며 인사하는 꽁이.

하루 저녁 꼬박 대소변을 참아가며 아침 산책하러 빨리 가자고 낑낑대는 모습에 할 수 없이 차가운 아침 공기를 마시며 동구 밖을 나서야만 한다.

시원스레 소변을 보고 킁킁거리며 대변을 보고 나면 훨훨 나는 기분을 느끼는 것 같다.

꽁이가 언제인가부터 목줄을 하며 묶이게 되었는데 이유가 있다.

누군가로부터 버림받아 길거리를 방황하며 사람의 눈치를 보던 유기견 한 마리 지금은 우리 가족이 되어 꽁순이란 이름도 갖고 있다.

우리 집 꽁이와 눈이 맞아 가정을 꾸리게 되었는데 2주 전 예쁜 새끼 두 마리를 출산했다.

새끼 보호 차원에서 묶이게 된 것이다.

묶임을 감수하며 온종일 기다리다 저녁이면 한차례 산책을 하며 대소변을 보고 다시 묶인 상태로 하루 저녁을 보낸다.

꽁이 처지에서 보면 아빠 개가 되면서 매인 신세가 된 것이다.

가족들에 사랑도 독차지했던 그 시절도 옛이야기가 되어버렸고 맛있게 먹던 음식 또한, 나누어 먹어야 하는 신세가 되어버린 지금 불장난의 대가일까. 책임져야 하는 의무감일까.

묶인 상태를 잘 받아들이며 사는 꽁이가 불쌍하면서도 대견하게 느껴진다.

새끼들이 눈을 뜨고 활동을 하면 아빠 개인 꽁이와 상봉의 기회를 만들어 볼 계획이다.

상봉에 있어 꽁이가 좋아하고 행복해한다면 그때 묶임에 대하여는 다시 생각해보려 한다.

새끼 2마리는 무럭무럭 잘 자라고 있다.

가족의 관심과 사랑으로 이름까지 지었다.

'마이' '츄'다. 같이 산책하러 나갈 때 '마이, 츄' 가자. 부르기

편하다고 가족들이 공모하여 결정한 이름이다.

　가족이 되어버린 '꽁이와 꽁순'이를 지켜보면 두 마리에 삶 속에 사랑과 배신이 함께하며 행복이 있다. 꽁순이는 꽁이를 만나 배신에 아픔을 잊으며 살고 있고 꽁이는 아빠 개란 책임에 못내 감수해야 할 불편함이 있지만 커가는 2마리 자기 새끼의 상봉을 고대하고 있는 것 같다.
　'새옹지마'

친구야

오늘 문득 친구 소식이 궁금하다
우리 무소식이 희소식이지
항상 긍정적 사고로 살아가는 자네는
여유가 있어 기분이 좋아
언제나 그래그래 하면서
수긍하고 받아주는 친구지
어느덧 회갑을 넘겨 인생 2기를 맞이한
우리의 삶 또한 평안과 감사가
함께 하리라 믿고 있어.
친구를 떠올리면
10대 고교 시절로 되돌아가는 기분으로
변함이 없는 건 잔잔한 친구의 미소지
가끔 만나 소주 한잔 마시는 자리에서도
친구의 미소는 그 시절을 느끼게해 주지
그 느낌 평생 간직하게나.
자네에겐 좋은 소식만이 전하고 싶고
소식을 전할 때면
그래그래 하며 박수받고 싶어

나 또한 친구로부터 좋은 소식만 듣고 싶어
자네의 목소리를 들으면 기분이 좋아져
도파민이 상승한다고 할까.
연인과는 다른 느낌이지
항상 친구가 있음에 감사해
항상 마음속으로 응원을 보내고 있다네
상상해 보건대
응원하며 멋지다는 표현을 어디에 비할까!
자존심을 건 축구경기에서
경기 종료 전 친구의 킥이 골로 마무리되어
승리의 기쁨을 서로 만끽하듯
항상 친구를 응원하고 싶어
인생사 모든 게 뜻대로 안 될지라도
봄비에 새싹이 대지를 뚫고
싱그러움과 생명력을 과시하듯
간절히 원하면 방법이 생긴다고 하니
멋지게 살아보세
친구야
자네 잔잔한 미소는 나의 희망이다.
그래그래……

행복

101세의 철학자 김형석 옹 말씀이다.

사랑이 있는 곳에 행복이 함께 한다.
내가 하고 싶은 일을 할 수 있고
그것에 최선을 다할 수 있다면 그게 행복이다.
내 인생은 나를 위해 있는 게 아니고
보답하기 위해서, 주기 위해서 있는 것 같다고.

누구나 생각을 품고 살고 있다.
서로가 상대방의 생각을 한 번쯤 깊이 생각한다면
갈등이란 생기지 않을 수도 있다.
나의 지나친 욕심이 생각과 판단을 지배한다면.
서운함, 도의적이지 못함에 짜증이 날 수도 있다.
상대방의 문제도 있겠지만 나의 욕심 굴레에서 벗어나지 못함이 원인이 된다면 상대방에 행복은 무엇으로 보상할 수 있을까!

한 번쯤 상대방을 인정하고 생각해보자.
그는 바보가 아니다. 이기적이지도 않다.

상대는 행복추구를 위해 최선을 다하고 있을 뿐인데 응원을 보낼 수 없는 건 무엇 때문일까? 사랑이 부족한 건가?
 나만이 중요하다고 생각하고 살고 있지 않은지.

 사회는 여러 구성원이 함께 모여 살아가고 있다.
 생각도 철학도 각각 다르다.
 도의적 기준 또한 각기 다르다.
 다르다는 사실을 인정하지 못하면 괴롭고 슬프다.

 드라마 각본에서 악역을 맡은 배우를 보라
 보이는 배역으로 인해 미움과 질타를 받는다.
 그 배우의 진실한 삶은 송두리째 가려 진다.
 배역을 기준으로 배우를 대한다면 그의 행복은 누가 지켜줄까?

 어렵게 내민 손을 뿌리치지 않고 잡아 줄 때
 그가 행복해한다면
 그 또한 나의 행복이 아닐까.

설렘

나의 삶,
설렘은 어느 순간에 있을까!
감동이 넘치고 뜨거운 마음을 간직한 순간
누구도 알지 못하는 나만의 느낌
두려움은 그저 기우일 뿐 희망차고 자신감이 밀려오는 순간
발끝에서 머리끝까지 모든 감각이 전류가 흐르듯 번득임이
느껴지는 순간 나만의 감성을 갖고 노래를 부르고 또 부르고
싶은 심정
어둡고 좁은 공간에서도 꿈은 광활한 들판을 향해 달려가고
절벽 끝 홀로서 불어오는 맞바람 맞서며 두려움 떨쳐버리는
용기
달콤한 아이스크림이 아닌
강한 매운맛의 짜릿함을 느껴보는 그 순간처럼
달리고 달려 힘에 부쳐 쓰러져도 또 달릴 것 같은
말을 몰아 적진을 향하는 전사처럼
꿈틀거리는 야망이 미래의 확신을 갖게 하는 순간
주먹 불끈 쥐고
옷깃 바로잡고

찬물로 세수하고
심호흡에 마음의 등불을 켠다.
주위를 둘러보고 또 둘러봐도 홀로 있는 건 변함없다.
외롭지 않게 느껴지는 건 설렘 때문이다.
하루하루를 맞이하고 또 기다려지는 내일.
설렘이 있기에 그렇다.
한 순간순간이 내 마음속에
설렘으로 번뜩인다.

안녕! 나야

누구에게 인사하는 거니? 아무도 없잖아
그래 너 자신에게 아는 척하고 있어
왜
그냥 멍 때리고 있는 너의 모습이 참 안쓰러워서 던져 본 거야.
하루하루가 너무 빠르게 지나고 있는 것 같아서
매몰찬 바람 막아보려 두꺼운 외투로 무장했던 게 엊그제 같은데
매화꽃. 개나리가 꽃망울을 터트리고 있네
봄이 소리 없이 왔어
따스한 온기가 곧 여름이 닥쳐올 거 같은 거야
소리 없이 내리는 저 보슬비도 머지않아 소리 내며 세차게 내리겠지
지루한 장마 생각만 해도 벌써 짜증이 나려고 하네
지루한 긴 장마, 물과 싸움은 생각도 하기 싫어
참 사계절이 너무나 빠르게 바뀌고 있어
밍크 판매하는 사촌은 또 다가올 겨울을 준비하겠지

시간이 빠르다 느낀다는 것은

누군가 이렇게 이야기하는 사람도 있어

열심히 살지 않기에 느낀다고

바쁘게 살다 보면 시간 흐름을 느낄 만큼 한가할 시간이 없다나

그럴까

나이 먹고 철이 들다 보니 흐르는 세월이 보이겠지

어릴 적 생각해봐

학교운동장이 얼마나 넓었어. 지금 보니 너무 좁고 작아 보이는 이치

동구 밖 하천 정말 대 강처럼 느꼈었던 적 있었잖아, 지금은 작은 개울이듯

크고 높게만 보였던 첨산 지금은 마을 뒷산이지 않니

너무 이상하게 느끼지 마.

당연한 자연의 순리야

당당하게만 보였던 부모님.

한 시절 안쓰럽다가 또, 한 시절 불쌍하게 지켜보았듯

자연 순리야 너만 느끼는 거 아냐

지금처럼 살아가면 돼

스트레스 털고 욕심부리지 말고 항상 가족사랑 깊이 간직하

면서

작아도 베풀고 나누려고 생각을 해

항상 감사해 복을 부르는 거야

누구를 탓하지 마, 네가 하고 싶지 않은 것 누구도 하려고 하지 않아.

훗날 너의 자녀 또한 너처럼 인생이란 글자에 회심을 하겠지

세상은 살만한 가치가 있지 않니?

너는 남이 가질 수 없는 보물을 간직하고 있잖니

기쁘게 사는 거야, 흐르는 세월도 쉬어가도록.

어머니

당신은 부족함 없이 모든 것을 다 주셨습니다
넘치고 넘쳐 마냥 흘러내렸습니다
서운함 미움도 꼭꼭 숨기면서 모든 것을 주셨습니다

자식이란 인연 하나로
빌고 빌며 하늘을 향한 당신의 소망은
오직 자식을 위한 기도였습니다

눈이 어둡고 힘에 부쳐도 원망을 하지 않았습니다
자식이 잘못해도 당신은 마음으로만 눈물 흘리셨습니다
몸이 아파도 자식 가슴 아플까 말하지 못했습니다

병상에 누어 생을 마무리 지어야 하는 순간에도 미안해하셨습니다
좀 더 건강해서 자식에게 도움 주지 못함에 미안해하셨습니다
아버님 홀로 두고 떠나야 함에 미안해하셨습니다

미안해하지 마세요

먼저 선택됨은 아름다운 당신 삶을 축복하기 위함이기에
받을 수 있는 모든 것 다 받았습니다
미안해하지 마세요

어머니!
사랑해요.
감사해요

당신을 위해 기도를 합니다
사랑스럽고 다정한 마음으로 엄마! 불러봅니다
고마워요. 감사해요. 사랑해요.

하늘나라 먼 그곳
환하게 웃고 계시는 평온한 당신을 봅니다
근심 걱정 없고 고통이 없는 그곳. 당신의 미소를!

당신과의 인연 감사해요
부모와 자식으로서 아름다웠던 삶

많은 사랑을 받았고 배웠습니다

포근한 햇볕은 당신의 아름답고 따뜻한 사랑이요
구름 사이 펼쳐지는 햇살은 당신 안녕 메시지요
신선한 바람은 당신의 속삭임이 틀림없어요.

제3부 기도

가정 성화를 위한 기도

사랑이신 주 하느님,
하늘과 땅 위 모든 가정은 당신에게서 생겨났습니다
하느님 아버지, 당신은 사랑이시고 생명이십니다
여인에게서 태어나신 성자, 예수 그리스도를 통하여
거룩한 사랑의 샘인 성령을 통하여
지상의 모든 가정이 세세대대로
생명과 사랑의 참 성소가 되게 하소서

하느님의 은총으로서 부부의 생각과 행위를
자신과 온 세상 모든 가정을 선으로 이끌어 주소서
가정 안에서 인간의 존엄성을 깨달아
진리와 사랑 안에서 건실하게 살아가게 하소서

사랑이 혼인성사의 은총으로 견고해져
가정이 겪는 모든 어려움을 극복하게 해주소서
나사렛 성가정의 전구로써,
가정 안에서 가정을 통하여
세상에서 교회가 그 사명을 완수하게 하소서

생명이시고 진리이시며 사랑이신 당신께
성자와 성령과 더불어 이 모든 것을 간구합니다.
아멘

아침기도

하느님 감사합니다

오늘 하루도 저에게 주어진 시간 시간이
감사가 넘쳐나는 시간이 되길 원합니다
생각과 행동이 일치하지 못해 후회하는 일이 없는
하루가 되길 원합니다

누군가가 나 자신으로 인해 서운함과 괴로움으로
슬퍼함이 없는 하루가 되길 원합니다

항상 부족함을 알고 겸손함을 지킬 수 있는 자신이 되길 원합니다
일함에 항상 즐거움과 기쁨이 함께하는 시간이 되길 원합니다

건강함에 감사하고
몸 관리함에 소홀함이 없는 하루가 되길 원합니다

가족에게 감사함을 잊지 않는 하루가 되게 하소서

누군가를 위해
봉사하며 살 수 있는 자가 되게 하소서

하루를 정리하는 잠자리에서도
감사함에 충만한 시간이 되게 하소서

하느님 감사합니다

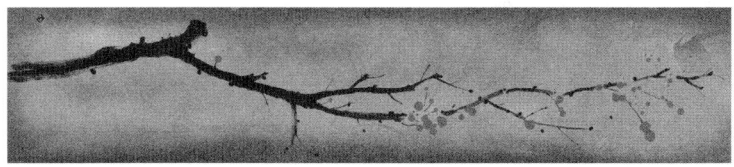

아침에

아침에 일어나서 무엇인가
깨달음을 간직하기 위해 이 글을 읽어보라

어렵고 힘들었던 그 시간을 돌이켜 보라
얼마나 감사하니 나태하지 마라
혼자 힘으로 어떻게 답을 얻지 못할 때 기도하라

너 자신과 너의 가족을 위해 이 시간도 기도하는 사람이 있는데
너는 뭐하니
너 자신이 깨어있지 못하면 너는 참으로 어리석은 자다
다른 생각하지 마라
하느님이 함께하시니 믿고 함께하라

너의 가족과 주변을 위해 기도하고 담대함을 가져라
너의 주변과 모든 가족은 너로부터 시작한다
믿음을 가진 자로서 확신을 갖고 생활하라
구별된 삶이 무엇인가 너는 알고 있다
알고 있거든 그 뜻대로 살아감이 축복의 원천이다

깨어있으라, 놓지 마라

너에게 주는 관심과 충고를 감사하게 받아들이라
너 가 너 자신을 잘 알고 있다
확신을 지니고 후회 없는 시간을 위해 고뇌하라
마음의 여유와 감사함이 너를 위해 항상 준비되어 있다
그 시간과 마음이 보석이니
그 보석은 너의 깨달음과 실천에 있다
하느님은 준비하는 자에게 상을 내리리라
네가 그 자격이 있고 없고는 너는 잘 알고 있다
너의 삶, 너의 가족에게 상을 받는다면 너는 자격이 된다
그리고 크고 넓게 세상을 바라보라
얼마나 미미한가
허지만 너는 선택된 큰 자다
선택은 되었지만 모든 결과는 너 하기에 달렸다
이 시간 이렇게 글로 쓰는 몇 자는 너에게 사명감을 주는 거다
너는 항상 너의 귓전에서 음성을 들을 수 있도록 깨어있으라
방심은 귀머거리가 되고 장님이 됨을 명심하라

사랑하기에 너에게 이렇게 말한다
자신보다 너로 인한 많은 변화가 있을 게다
감사해라

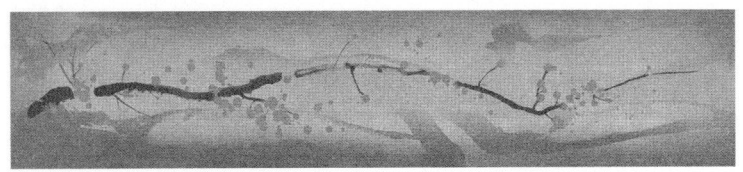

찬미 예수님 1

이 시간 부족한 저에게 나눔의 시간을 허락하시니 감사드립니다.

어린 날 쥐불놀이를 하며 달빛 아래 숨바꼭질하고 동구 밖을 뛰어놀던 추억을 떠오르게 하는 정월 대보름날이네요.

밝은 보름달을 보며 소원을 빌어보던 그 순수함, 이제 나 자신에게 있는가 한 번쯤 생각해 봅니다.

오늘 주제가 작은 것에 관한 의미인데 순수한 마음으로 보름달을 향해 빌어보던 그 마음이 작은 것의 시작이 아니었나 싶네요.

마음을 정화하고 용서를 빌고, 작은 희망을 품고 누군가를 위해 빌어보고 소망을 말하던 그 시간이 언제였을까? 순수함은 없어지고 틀에 박힌 기도문과 의식 속에 살아가고 있지 않나 하는 생각이 드는군요.

잃어버린 작은 것 정말 찾고 싶네요.

누구도 의식하지 않고 어떤 처지도 고려하지 않고 그냥 주님 앞에 서 보는 것, 가장으로서가 아닌 가족 일원으로 자녀와 아내 앞에 서 보는 것 정말 찾고 싶네요.

안방에 모셔있는 성모상과 성당 입구에 모셔있는 성모상을 왜 다르게 바라보는지 그 앞에 서는 내 모습이 너무 대조적이라는 사실 믿음 생활을 한다면서도 나 자신이 작은 것에 너무 소홀하지 않나 싶네요.

우리 가정의 작은 것은 무엇이 있을까요.

대화, 미소, 소통, 말하기, 들어주기, 칭찬하기, 사랑 표현하기, 알아주기, 도와주기 등…… 너무나 많지요.

사랑하는 글라라

작은 것, 쉬운 것 한 가지 실천해보려고요.

우리 집 강아지들이 주는 작은 교훈이 있네요.

강아지는 주인에게 만나면 꼬리 치며 애정표현을 합니다.

그때 주인에게 바라는 건 오직 관심과 한 번쯤 기분 좋은 미소로 눈 맞춤해 달라는 게 강아지들의 바람인 것이 확실해요.

한마디 하자면 앞으로 당신의 눈을 바라보며 항상 미소로 이야기할 수 있는 작은 실천을 해보도록 할게요.

당신에게 특별한 바람은 없어요.

항상 건강한 모습 간직하며 웃음 잃지 않기를 바랄 뿐입니다.

사랑하는 프란치스코가 글라라에게.

찬미 예수님 2

누군가는 인생에 정답은 없다고 합니다.

모든 선택에 정답과 오답이 공존하며 지혜로운 사람은 선택한 다음 그걸 정답으로 만들어 낸다고 합니다.

교회를 통해 성모님을 알게 된 것이 선택일까, 부름을 받은 걸까!

행복과 감사함을 간직하고 살아가는 이 시간 시간이 지혜로운 자의 선택이었다기 보다는 부름을 받은 자로서 축복의 통로를 알게 해주었다고 믿고 있습니다.

아무것도 보이지 않고 볼 수 없었던 그 시간 그저 시간이 지나면 좋아질 거야 하는 막연한 기대와 근심 누구를 붙잡고 매달려야 할지.

마음속 깊이 눈물을 흘리면서도 한없이 나약한 자신의 존재에 대해 흐느껴야 했던 그 시간, 연향동 성당 성모님 상 앞에서 아내에게 단호하게 말했습니다.

　우리 가정을 위해 하느님을 붙잡고 살아가자고, 주변에서 걱정스러운 염려와 사랑으로 어떤 이야기를 하든지 그 말에 현혹되지 말고 오로지 성모님을 통해 하느님께 매달려 보자고 했습니다.

　아내는 타교를 누구보다 열심히 다녔습니다.

　그 모습에 저는 질투 아닌 질투로 자주 시비를 하곤 했습니다.

　그런 저의 모습에 하느님이 노하셨는지 자녀를 통해 저를 붙잡아 주셨습니다.

　미사를 드린다는 게 무엇인지도 몰랐지만, 이곳에 와서 붙잡고 매달리면 희망이 생길 것이라는 믿음만은 확실했습니다.

　묵주기도 드리며 장미 화관을 받칠 때는 젖 달라 울어대는 아기처럼 매달렸습니다.

　성모님께서 주신 사랑은 모든 것을 내려놓게 했습니다.

　감사함을 갖게 해주셨습니다.

　여유로움을 주셨습니다.

　행복하다고 스스로 느끼게 해 주셨습니다.

　누군가를 위해 기도할 수 있는 마음을 주셨습니다.

　이 세상을 떠난 이에게도 그들을 위해 기도할 수 있게 해 주셨습니다.

　나 자신을 비난하는 자에게도 그를 위해 기도하게 해 주셨습니다.

성모님께 감사드립니다.

한없이 부족하고 철없는 자입니다. 심통도 부려봅니다.

저희가 성모님과 만남을 통하여 너그럽고 온전한 마음으로 스스로 당신의 아들 예수 그리스도께 봉헌함으로써 참된 사랑의 증인이 되게 하소서

찬미 예수님 3

오늘도 주님 앞에 하루를 반성하고 사랑과 감사함에 평안을 찾게 해주심에 감사드립니다.

사랑하는 글라라
요즘 우리는 무엇이 필요한지 서로가 이야기 안 해도 잘 알고 있지요.
굳건하게 버텨주며 살아가는 당신 모습에 감사함을 드려요.
이 또한, 주님께서 허락하신 우리의 삶이 아닌가 싶네요.

새날을 맞이하면서 축복에 감사를 드리고 나 자신의 믿음을 점검하고 무장하는 내 모습은 당신이 옆에서 항상 기도해 준 덕분이라 생각해요. 주님에 대한 확실한 신뢰와 확고한 결론을 갖고 기도하는 내 모습은 지나온 나의 모습이 아니지요.

  주님께서 우리 가정이 하느님의 자녀로서 복 누리기를 바라시는데 큰 뜻을 알지 못해 방황하고 대충 살아왔다는 게 새삼 저의 잘못으로 요즘 많이 반성하고 뉘우치며 살아가고 있네요.

  어제저녁 당신이 몸살이 나서 끙끙 앓고 있을 때 상비약 찾아 먹게 할 수밖에 없는 나 자신의 나약함을 새삼 느꼈네요.

  아침에 밥을 끓여 한술 뜨는 당신 모습에 안도감을 순간 찾을 수 있었던 것은 나에게 큰 위안이 되었고요.

  건강관리를 위해 노력하는 당신, 감사해요.

  며칠 전 서운함을 이야기했지요. 단백질 보충이 절실한 시점에 쇠고기 한번 먹자는 이야기 한번 안 했다고, 배우자의 마음 상처는 작은 무관심에서 시작되는데 미안해요.

  나는 결혼 후 살아오면서 당신을 슈퍼우먼으로 생각했던 것이 큰 잘못이라 생각해요.

  나약하고 여리다고 생각하지 않았던 것이 당신 마음에 상처가 되었으니 이제 알게 해주신 주님께 감사드려요.

  약속할게요.

  세상을 헤쳐나가는데 스스로가 아닌 항상 함께함이 필요하다는 당신의 부탁 항상 명심할게요.

  주님께서 보시기에 참가정으로 아름다운 가정을 만들어 가요.

  당신이 있어 항상 행복하게 살아감에 감사드려요.

  그대를 존경하고 사랑합니다.

  프란치스코가

찬미 예수님 4

새로운 힐링의 시간을 마련해주신 이시돌 형제님께 감사드립니다.

군 생활 바다에서 경비정을 타고 바다 생활을 해보았고 가끔 낚시 배에 몸을 실어 보았지만, 오늘 요트에 몸을 실어 보니 색다른 여유로움을 만끽할 수 있어 너무 좋군요.

사랑하는 글라라

우리의 삶이 항상 이 순간처럼 여유롭게 요트에 몸을 맡기듯이 세월에 몸을 맡기면서 살아갔으면 해요.

세상에 고집 없고 화낼 줄 모르는 이 어디 있을까요?

당신이나 나 또한 예외는 아니지요!

혼자서 화내고 고집스럽게 행동했던 시간을 기록했다면 몇 권에 기록이 되겠지만 그 순간들을 화해와 슬기로움으로 극복했기에 머릿속에는 옛날이야기처럼 느끼는 것은 나 혼자의 착각인 줄도 모르겠군요.

　내 습관적인 행동방식이 못마땅하고 불쾌하지만, 이해심으로 당신만의 가슴앓이를 하고 있지는 않은지 모르겠소.

　아무튼, 내가 무감각인지 당신의 행동에는 별 불만이 없으니 문제가 있다면 모든 게 내 탓이 아닌가 싶소.

　성공적인 결혼생활을 이끌려면 긍정적인 말과 부정적인 말이 5:1 비율은 되어야 한다는 데 당신에게서 부정적인 말을 찾기 힘드니 항상 감사해요.

　연애 시절 결혼하면 우리가 다투더라도 그날을 넘기지 말자고 당신과 나 약속을 했지요. 돌이켜 보면 그 약속을 지키지 못했던 순간도 있었던 것 부인할 수 없지만 앞으로 는 그 약속에 책임을 갖도록 노력하렵니다.

　항상 조급해서 상대방까지 조급하게 만드는 나의 말투와 행동, 당신의 불만이라는 것을 잘 알고 있어요. 노력해볼게요.

　코스모스 길을 걸으며 좋아하는 당신의 모습에 아름답고 소박하고 순순한 모습을 새삼 발견했었소.

　감사해요.

　당신의 마음이 넓은 바다인 양 모든 것을 감싸주니 그저 감사해요.

　오늘도 주어지는 우리의 시간이 서로를 이해하고 축복을 빌어주는 시간이 되길 바랍니다.

사랑하는 당신의 프란치스코가

사랑하는 내 사랑

생일을 맞이한 당신께 무엇으로 마음을 전할까 생각하다 컴퓨터 자판을 두들겨 봅니다.

생일은,
부모님께서 하늘의 뜻을 받아들여 나를 탄생시킨 날, 탄생으로 나에게 축복을 부여한 날 모두로부터 축복을 받는 날이지요.

사랑하는 내 사랑
진심으로 축하해요.
당신 앞날에 영원토록 좋은 일과 축복으로 행복을 빌어봅니다.
하느님의 부름을 받는 날까지 건강하고 행복한 웃음에 넘치길 기도합니다.

자식, 형제, 자매 가족으로부터 마음 아파하는 일 없도록 하느님께서 축복 주시리라 믿고 기도합니다.

인생의 동반자로서
항상 감사한 마음 간직하고 사는 나 자신, 당신으로 인해 항상 행복합니다.
부족함이 많은 나 자신을 잘 알고 있지요.
항상 탓하지 않고 내일을 희망으로 바라보는 당신은 참 좋은 성품을 갖고 있지요.
감사해요. 사랑해요.
하늘에서 점지한 인생의 동반자가 당신이란 사실 나에게는 최고의 선물이고 축복이지요.

이제 인생의 2막이 열려 펼쳐지고 있지요.
우리 서로 더욱 아름답게 사랑하며 하루하루를 가꾸어 봅시다.
건강은 30대를 향해 걸어보고 생각은 삶의 여유 속에 모든 걸 받아들이며 살아가는 멋쟁이가 되어봅시다.
작년에 마음 아픈 일이 있었다면, 이제 시작되는 시간은 기쁨과 행복이 그려지리라 확신합니다.
한 살 더 먹은 게 늙어가는 게 아니라 익어간다는 말은 당신을 두고 하는 말이라 믿고 싶네요.

사랑하는 글라라 생일 축하해요. 사랑합니다.
항상 이쁘고 아름답고 교양이 넘치는 멋쟁이로 사세요.

당신이 있어 행복한 남자. 당신의 동반자 한칠수

배려의 힘 안아주기(나눔)

감사해요!
하루하루가 힘들고 답답하기 끝이 없는 문제가 닥쳐와도 항상 인내로 기다리면 평안을 주시리라 확신하며 저의 소망이 이루어지길 기도합니다.
겨울철 눈 한번 보지 못하고 봄을 맞이하는가 했는데 세찬 바람과 눈보라가 올겨울 마지막 기승을 부리고 있네요.
자연의 섭리 예견할 수 없음을 새삼 느껴봅니다.
날씨가 그러하듯 우리 삶 또한 변화무쌍하여 서로에 배려와 안아줌이 없다면 너무나 각박하여 살아가기가 힘들 거예요.
나 자신을 돌아보건대 사랑하는 당신이 인생의 파트너로서 많은 배려와 안아줌이 있었기에 살 수 있었다는 것 감사해요.
홀로 되신 아버님을 모시겠다고 아파트 생활을 청산하고 본

가로 들어와 살 때 시간이 지날수록 앞이 보이지 않았어요. 아버님은 뇌경색으로 소통이 되지 않고 역정만 내실 때 당신의 따뜻한 배려 안아줌이 없었다면…… 상상조차 하고 싶지 않네요.

이제 돌아가신 아버님의 그 역정마저도 그리워지지만, 그때는 스스로 정신병원에 상담이라도 받아야 살 것 같은 상황이었지만, 잘 극복할 수 있었던 건 당신의 힘이었다고 믿고 있어요.

주변을 돌아보면 어느 가정이든 고민거리를 안고 살아가고 있는 것 같아요.

힘들수록 하느님께 모든 걸 의탁하고 받아들이며 서로 의지하며 살아가길 원해요.

젊은 날 우리 부부는 일정한 거리를 두고 걸어가곤 했는데 지금은 남을 의식하지 않고 손잡고 걷고 성당에서도 자연스럽게 부부로서 남을 의식하지 않고 있지요.

사소하지만 이게 부부간 배려에 원동력이라고 생각해요.

인정해주고 믿어주는 것 무엇에 비교할 수 없는 큰 사랑 실천이라 생각해요.

당신이 항상 좋을 수는 없지요. 야속하고 밉고 짜증을 억누를 수 없는 시간이 올지라도 당신을 위해 기도할게요.

연애 시절부터 지금까지 우리는 서로 존댓말을 하고 있지요.

존댓말은 존중하자는 뜻에서 시작했는데 이제 늙어 꼬부랑 할아방이 되면 더욱 자식들 앞에

떳떳하게 비치리라 생각되네요.

사랑하는 당신

모든 나의 행함을 쉽게 보지 않고 누구보다 존중하려고 노력하는 점 너무나 잘 알고 있어요.

당신이 있기에 나는 항상 행복합니다.

당신을 사랑하는 아내가

아버지

아버지란 나에게 있어 자존심이란 단어가 일치하다.
어떠한 미사여구도 군더더기 없이 떠오르는 단어

비굴함은 흑점도 찾아볼 수 없던 당신
타협이란 생각조차 할 수 없는 분
인정하고 용서를 빌면 그냥 외마디
됐다. 단칼에 용서를 받아주시던 분

그냥 멋쟁이
배움은 적지만, 대의를 존중할 줄 아는 의리의 남자
가족, 집안, 친지 구성체에 대한 기쁨과 슬픔은 남달랐다
집안의 큰 어르신
사촌이든 육촌이든 칭찬과 지적은 당신 몫이었다.

열정과 마음은 따뜻하나 표현력은 사치였다
큰 소리 호통치는 말씀은 항상 긴장하게 했고
하고픈 말씀을 거침없이 하시는 분
생과 사 6·25 전투에서 형성된 사고라 생각해 본다

자식에 대한 사랑, 믿음이 너무 크셔서 당신이 이루지 못함을 아들이 이뤄주길 기대했고, 대충 살아가는 자식에게 많은 실망도 하셨으리라. 허탈한 웃음 뒤에는 원망이 아닌 이해도 하셨으리라.

병상에서 배웅하시던 모습이 마지막 인사
웃음으로 보내주시던 울 아버지
자식에게 마지막 보내주신 메시지는 아름다운 미소였다.
고맙다
'너희도 아버지의 심정 알지.'였다.

삶을 마감하는 그날까지 준비하셨던 분
미소로 보내주신 마지막 인사를 떠올리며 어버이날 찾아뵙고 술 한잔 올리리라.
감사함을 보답하지 못한 자식의 용서도 구해보리라.
아버지!
감사합니다.
사랑합니다.

어머님

날씨가 매섭게 추워지는 겨울이 시작되었어요.

어릴 적 김이 모락모락 나는 따뜻한 고구마에 동치미와 함께 먹던 그 시절이 그리워지네요. 손이 시려도 내색하지 않고 저희를 위해 헌신하시던 어머니의 모습이 새삼 그리워집니다. 한 번쯤 멋진 아들로서 두 손을 잡아 드리며 어머니 좀 쉬세요. 하며 손을 녹여드릴 수 있는 아들이 되지 못하고 그냥 그만하시라고 다그치던 못난 아들, 나의 모습이 얼마나 부끄러운 행동인지 후회하며 얼마나 서운했을까 생각합니다. 저도 자식을 키우다 보니 자식에게도 서운함이 생기곤 해서 어머님 마음을 알 수 있을 것 같아요. 큰 것이 아닌 사소한 말 한마디 이해하는 마음 감사하는 마음 등 표현으로 말 한마디로 전 할 수 있는 작은 사랑을 표현하지 못해 후회하며 마음으로 눈물 흘립니다.

어머니! 아버님은 이 시간 해외여행을 가셨어요. 어머니와 함께하셨으면 얼마나 좋겠습니까. 여행 중인 아버님 또한 어머님 생각을 많이 하고 계시리라 생각됩니다. 시간이 너무도 훌쩍 지나고 있어 앞으로 살아가야 하는 시간 또한 얼마나 빠르게 다가왔다가 지나갈지 상상조차 할 수 없군요. 어머님 생전에 동승, 영원 대학 입학하는 것만 보고 싶다고 소원을 말씀하신 적이 있었지요. 동승은 제대하고 인턴 생활로 사회생활에 적응하고 있으며 영원이 또한 건강하게 학업에 임하고 있지요. 큰며느리는 항상 손이 크다고 말씀하셨지요. 좋은 사람이에요. 손도 크지만, 마음 또한 깊고 넓지요.

오늘은 어머니의 살아생전 모습이 무척이나 그립네요.

병상에 누워 계실 때, 말을 할 수 없을 때, 어머니 가슴에 손을 얹고 가슴에 마음을 전해보던 그 시간이 그립습니다. 하느님께 소원과 건강을 바라기보다는 어머님께 용서와 감사를 온기로 전해보던 그 시간이 사실 행복했던 것 같아요. 엄마도 그 마음을 받아주며 용서를 비는 자식에게 '용서하마' 하고 말씀을 주셨던 것 같아요.

이제 하늘나라에서 평안을 찾고 괴롭고 슬펐던 기억은 다 지우시고 낙원에서 편히 쉬세요. 손끝이 갈라졌던 옛 모습은 다 사라지고 곱디고운 손으로 바람과 꽃향기를 느끼시며 영원한 세계에서 사시리라 믿고 있습니다.

어머니!
그립습니다.
사랑합니다.

귀신은 속여도 나는 못 속여

1960년대 내가 초등학교 1학년 때 있었던 이야기다.

학교 수업을 마치고 집에 돌아와 보니 부모님께서 일터에 나가신 뒤라 심심하여 장롱을 열어보았다. 그동안 보지 못했던 돈 다발 뭉치가 옷 밑에 숨겨져 있는 것을 발견하고 깜짝 놀라 문을 다시 닫고 생각을 했었다.

저 많은 돈 중, 한 장의 지폐를 꺼낸다면 모를 거란 생각이 들어 500원짜리 지폐 묶음에서 한 장을 꺼내고 나니 두려움이 밀려들었다.

다시 묶음 다발에 넣으려고 했으나 넣을 수가 없어서 고민하다가 이 돈을 주었다고 하면 되겠지 하고 혼자 생각을 하며 동네 입구에 있는 일명 점방(현 잡화가게)으로 달려가서 물건을 몇 가지 구매하였다.

아버지가 좋아하시던 고급담배 아리랑 한 갑과 내가 좋아했던 과자와 사탕을 구매하여 집으로 돌아오니 어머님이 바느질하고 계셨다.

나는 의기양양하게 거짓말을 어머님께 하기 시작했다. 지폐 500원짜리를 길에서 주어서 아버지를 위해 담배도 사고 과자도 사고 나머지 돈은 어머니께 드린다고 했다.

어머님은 참 대견하다며 아들에게 칭찬을 아끼지 않으셨다.

당시 500원이란 돈은 상당히 가치가 있는 금액이었다. 최고급 담배 아리랑이 100원으로 기억된다.

조금 시간이 지나자 어머니께서 나를 불러 몇 가지 질문을 하기 시작하셨다. 어디서 돈을 주었는지 정확한 장소와 왜 그곳에 갔었는지? 집요한 질문은 식은땀이 흘리고도 남을 정도로 계속되었다. 이런저런 이유와 거짓말로 질문을 피해 갈려고 했지만 집요한 질문 후 어머니의 말씀 한마디!

"귀신은 속여도 나는 못 속인다."

사실대로 이야기해라 하시며 사실대로 이야기하면 용서해준다며 계속 자수를 권하셨다. 결국, 명수사관 어머님께 자수하고 말았다. 알고 보니 그 돈은 아비님의 장사밑천이었다.

어머니와 나만의 비밀. 자수하고 나니 아무 말씀 안 하시고 고맙다고 하셨다. 가족 중 누군가를 범인으로 지목하고 의심했어야만 했을 터인데 네가 사실을 털어놓으니 고맙다고 하셨다.

그동안 어머님은 손 가는 곳에 돈을 몇 번이고 놓아두셨다고 하셨다. 그러나 당신 자식들은 그 돈에 손대지 않았다고 하시며 용서하시겠다며 너와 나만의 비밀이라 하셨다.

지난 어린 시절 어머니와 나만의 추억 50살이 넘은 나이에 새삼 기억 속 추억으로 남아있지만, 어머님께 가끔 들을 수 있었던 그 말씀!

"귀신은 속여도 나는 못 속인다."

그 말씀이 듣고 싶다.

이런저런 핑계로 공휴일이면 찾아뵐 수가 없다고 하면 가끔 하시던 그 말씀!

혼자 고향 집을 방문하면 '왜 혼자 왔니? 네 가족은?'

이런저런 대답 뒤 하시던 그 말씀!

"귀신은 속여도 나는 절대 못 속인다."

사랑하는 글라라 1

아침 눈뜨기 전부터 지저귀는 새 울음소리에 깊은 잠에서 일어나야 하는 변화된 환경 속에 살다 보니 맑은 새소리도 소리의 공해가 아닌가 싶네요.

늙으신 아버님 새벽부터 일터를 향하는 그 움직임 소리 또한 심기를 불편하게 만들어 버리는 우리의 일상이 왠지 당신에게 미안하고 죄송하게만 느껴집니다.

한 번쯤 하소연도 할 터인데 묵묵히 생활해주는 당신에게 감사하다는 말을 전해봅니다.

식사 때면 아버님과 속도를 맞추지 못하고 이야기를 오순도순 들어주지 못한다고 나 자신을 질타할 때 정말 당신에게 변명할 여지가 없었답니다.

오늘 나눔 주제가 배우자에게 고마웠던 적은 언제냐고 그때를 회상하며 글을 적어보라 하지만 내 앞에 주어진 시간 시간이 다 해당하는 것 같아요.

고맙게 느껴지는 것은 막막한 상태에서 기대하지 못했던 이벤트가 감동을 불러왔을 때 고맙게 느낀다 생각하는데. 난 이런 이벤트를 구상해 본 적이 있나 새삼 자신에게 질문을 던져봅니다.

한마디로 '재미없는 사람 여기 있다오.'가 답일 것 같군요.

3일 동안 시간을 내어 연 피정을 다녀온 하루는 참 평안한 마음을 간직했답니다.

당신에게 감사함을 표합니다.

오늘 남자의 지극한 사랑 이야기 훈훈하게 받아들이면서도 마음은 편치 않네요,

꼭 숨기면서 살아가는 게 온당한 방법일까. 사랑하는 사람을 위해서 숨기는 마음에 배려. 난 온당치 않다고 생각해요. 부부의 언약으로 시작했다면 당연히 이야기하고 내세우지 않고 살아갈 수도 있는데. 너무 가슴이 아픈 사연이어요.

서울에 살 때 고향으로 내려오고픈 나의 꿈을 접고 서울에서 정착하고자 했을 때 당신이 나에게 이런 말로 질타와 용기를 준 적이 있었죠!

'고향에 내려가 할 일이 없으면 포장마차라도 하면 되지 그렇게 항상 이야기하던 꿈을 부모님 말씀 한마디에 접으려 해요. 당신에게 실망이에요.' 그 말이 아침이면 새소리와 함께 들리곤

합니다.

  내겐 변명이 될지는 몰라도 당신에게는 너무 혹독한 삶을 살아가게 하지 않나 하는 생각이 들어요.

  봉쇄된 곳에서 생활하시는 수녀님들을 볼 때 이해할 수 없는 그들의 삶을 내 눈으로 판단하지는 못하지요. 그들이 우리를 바라볼 때 어떻게 바라볼까요.

  철장 사이로 마주 보며 미소를 서로 교환하면서 문득 그들의 처지를 생각했다는 게 부끄러웠답니다.

  '행복하십시오. 당신을 만나 감사합니다. 더욱 행복하십시오.' 마음속으로 그들을 향한 마음을 빌어보니 천사로 보이더군요.

  우리 부부가 어쩌면 수녀님들과 만났을 때 철장이 있었듯이 마음에 막이 쳐있을 수도 있겠다는 생각이 문득 드네요.

  그 막이 있다면 모두 봉헌해버리고 당신에 행복을 위해 기도할게요.

  3일 동안 내내 내려놓는 방법. 하느님 가까이 다가가는 방법 공부를 했지요.

  가르쳐준 데로 열심히 살아봅시다.

  당신이 할 일이 생겼다고 기쁜 마음으로 꿈을 이야기했지요.

  당신은 할 수 있다고 믿어요. 당신이 아닌 주님이 함께하니까요.

사랑하는 글라라 2

조카 결혼, 아버님 생신을 통해 서로의 형제들과 좋은 시간을 보내게 되었고 그들과의 시간에 더 잘해주고 싶어 하는 당신의 마음을 알 수 있었답니다.

받기보다는 주기를 좋아하는 사랑이 나를 감동하게 하였습니다.

하느님께서 당신에 대해 칭찬 한 가지를 말하라고 한다면 너무너무 많지요.

너무나 많기에 하느님께서 '혹 너 알고는 있었니?' 하고 되물을 것 같은 생각이 드는군요.

'그렇게 잘 안다면 너는 왜 그렇게 살아?'라고 반문하시는 것 같은 책망이라 할까요.

가족의 기를 항상 존중하는 점 칭찬하고 싶소.

긴 연애 기간으로 서로 반말하지 않고 존칭어로 시작했던 우리의 대화법은 현명한 당신의 판단으로 시작되어 지금까지 지켜지고 있다고 생각하오.

피카소가 그림을 그릴 때면 자기 아내를 모델로 삼아 그림을 그리곤 했다고 하지요.

아내 그림을 그릴 때마다 항상 다른 점을 찾으려고 했다고 하는 글을 본 후로 당신을 볼 때마다 나는 당신의 좋은 점을 너무 많이 발견한다오. 자녀들에게 부족함이 없도록 항상 힘이 되어 주는 당신을 볼 때면 내 자식들이지만 너희는 참 훌륭한 엄마가 곁에 있으니 행복하겠다. 생각도 해본다오.

항상 감사한 마음을 갖게 해 주는 당신이. 당신의 장점, 당신에 대한 칭찬이 아닐까.

밖에 나가면 참 좋은 관계를 맺고 사는 사람들이 많이 있죠!

반려자로서 가장으로서 부러운 많은 사람을 볼 터인데 남편에 대한 불만을 들어본 적이 없으니⋯⋯

감사해요.

하느님께 '저의 마음에 항상 감사가 있게 주었습니다.'라고 말씀드리고 싶어요.

2개월 결혼생활, 19년간 병간호하는 어느 남편의 사연을 텔레비전에서 본 적이 있소.

웃음을 잃지 않고 살아가는 그 남편의 모습에서 너무 부끄러운 나 자신을 발견했소.

  정말 받은 축복, 우리의 만남 더욱 소중히 여기며 감사하며 살게요.

  꾸벅꾸벅 졸면서 묵주기도 하는 당신의 모습을 볼 때면 엄마 품에 하품하며 잠들어 있는 어린 아기가 아닌가 하는 생각도 해 본답니다.

  한때는 기도하는 당신의 자세까지 참견하고 싶은 생각이 있었지만, 지금은 그 모습 그대로 받아들이며 살아가는 게 우리의 행복이 아닌가 싶어요.

  오늘 ME소망팀이 우리 집에 오셨는데 우리 삶의 축복이라 생각해요.

  좋은 부부애의 기를 많이 주시리라 믿어요.

  손님 오신다고 분주한 시간 보냈을 터인데 오늘은 발 마사지로 피로를 풀어 드릴게요.

  사랑하는 남편 프란치스코가

아들 동승

들녘에 곡식이 황금물결을 이루고 감이 익어 가는 가을이구나.
가을날 바람결에 떨어지는 낙엽을 보노라면 왠지 쓸쓸함을 느끼는 계절이기도 하지.
특히 오후 노을이 질 때면 그리움과 옛 추억에 누구나 잠시 일손을 멈추고 회상에 젖기도 하지 우리 아들 또한, 이런저런 생각을 하며 같은 하늘 아래, 먼 하늘을 주시하며 지나온 꿈같은 시간을 회상해 보리라 생각한다.
이제 군 생활 일병으로 군인다운 생활하리라 믿는다.
시작이 절반이라 했는데 다음 달이 절반이네.

그동안 말로 다 할 수 없는 어려움과 억울함도 잘 이겨내고 극복하며 군 생활이란 이럴 수도 있구나 하며 지내리라 생각한다.

모진 추위에 훈련소 신병 생활이 어느덧 옛이야기로 추억으로 기억되겠지. 이 시간 또한 선임의 눈치와 씨름하며 생활하고 있으리라 믿는다.

말년 선임이 된다 한들 군 생활이란 달라질 게 없다는 사실을 알았으면 좋겠구나. 항상 자신의 기분을 누군가에서 찾지 말고 자신에게서 찾는 마인드를 갖기 바라마.

아빠는 항상 아들 동승을 믿는다. 군 생활 또한 아빠가 그렇게 생활했듯이 아들은 아빠보다 더욱더 멋있게 잘하고 있으리라 믿는다.

호연은 수시 1차를 접수하고 요즘 열심히 아르바이트하고 있단다. 자기 생활을 열심히 하고 있으니 지켜보는 아빠도 기쁘구나.

엄마는 매일 산에 등산하러 다니며 밤도 많이 줍고 운동도 열심히 하고 있단다. 오늘도 자전거 배운다고 퇴근하면 자전거 잡아 달라 문자 왔구나.

모처럼 아들에게 편지를 써보는데 할 말은 많은 데 다 쓸 수가 없구나.

항상 건강하고 멋진 군인이 되기 바란다.

책을 보다 보니 좋은 글이 있어 적어본다.

우리는 재미있는 이야기를 만나면 즐거워한다. 또 감동이 있는 이야기를 만나면 누구든 사랑하지 않을 수 없게 된다. 그런

점에서 내가 가지고 있는 최고의 자산은 바로 '내 이야기'라는 생각이다.

내가 자라온 이야기, 내가 어려웠던 이야기, 내가 그 어려움을 이겨낸 이야기, 내가 실패한 이야기, 또 내가 성공한 이야기, 그리고 내가 가지고 있는 꿈 이야기, 그 이야기들은 나다운 이야기이고 살아 있는 것들이기에 힘이 있단다.

그 속에는 숨어 있는 소중한 것들이 많단다. 그것을 꺼내어 활용하는 것은 즐겁고 재미있을 뿐 아니라, 가슴이 쓰리도록 아프고 눈물이 나는 애절하고 간절한 이야기이기도 하단다.

사람들은 그 이야기를 듣고 당신과 친구가 될 것이고 당신이 만드는 것들을 사랑하게 될 것이다. 그러니 당신 자신의 이야기를 만들어라! 목숨 걸고……

운명을 바꾸고 싶은가? 그렇다면……
- 내가 이 세상에 선사하고 싶은 것은 무엇인가?
- 그것을 선사하고 싶은 간절하고 특별한 이유가 있다면 무엇인가?
- 그 간절함을 전달할 수 있는 나만의 에피소드, 또는 나의 간절함과 종류가 비슷한 옛날이야기가 있다면 어떤 것들인가?
- 그리고 만들어보자. 내가 이 세상에 선사하고 싶은 간절한 이야기를.

사랑하는 딸, 아들에게

오늘은 3월 2일 내일이면 각자 삶을 위해 정든 가족 품을 떠나는 시간이 되겠구나!

따스한 산들바람이 유혹하고 향기로운 꽃들이 시간을 같이하자고 유혹하는 계절이 오고 있는데 청춘에 꿈이 무엇인지 생각은 해보았니?

틀에 박힌 생활 속으로 들어가야 하는 너희 생활이 느껴져 안타까운 마음이구나. 근심 걱정 없이 살아가는 이가 이 세상 어디에 있을까? 아마 없겠지.

젊은이든, 장년이든, 늙은이든……

부모로서 너희에게 부족함 없는 인생의 보호자로 인생의 선배로 믿음과 사랑을 세상을 살아가는 양식과 교훈을 물려줘야 하는데 무엇을 주었고 줄 수 있는지 내세울 게 없구나.

돌이켜 보면 아빠 또한 너희와 같은 시절이 있었단다. 후회 없는 도전과 끈기를 갖지 못했고 괜한 남의 탓으로 자신에 책임을 회피하려고 했지. 구체적인 인생에 목표를 세우지 못해 10년, 20년, 30년 뒤 내 인생에 대한 그림을 그리지 않고 시간이 흐르면 남들처럼 막연히 그렇게 되리라 생각했어. 자녀에 대한 교육 또한 어떤 모습을 부모가 보여줘야 할까?

보여주지 못하고 초등학교, 중고등학교, 대학교 가면 되는 줄로만 알았지. 하지만 내 아들딸이 아빠와 조금 다른 건 뭔지 철이 들었다고 생각되어서 가족이 뭐니 그들을 떠올리면 행복하다고 느껴지는 사람이 아니겠니?

아빠는 너희들의 현재 모습에 감사하다.
너희의 모든 것 중 제대로 아는 게 없지만, 사람에게는 향기가 있단다. 동승, 영원이가 지닌 향기는 주변 친구나 부모는 느낄 수 있단다.
그 향기를 영원토록 흩날리기를 기도하마.
믿음, 소망, 사랑이 묻어있는 그 향기를 내일 집을 떠나 시작하는 모든 일, 항상 즐겁고 행복함으로 즐기렴.
'어쩔 수 없이 부딪쳐야 한다면 즐겨라.'라는 말이 있듯이……

인생에서 중요한 것 3가지
지금 / 옆 사람 / 하는 일

2013년 3월 3일 아빠

제4부 사랑

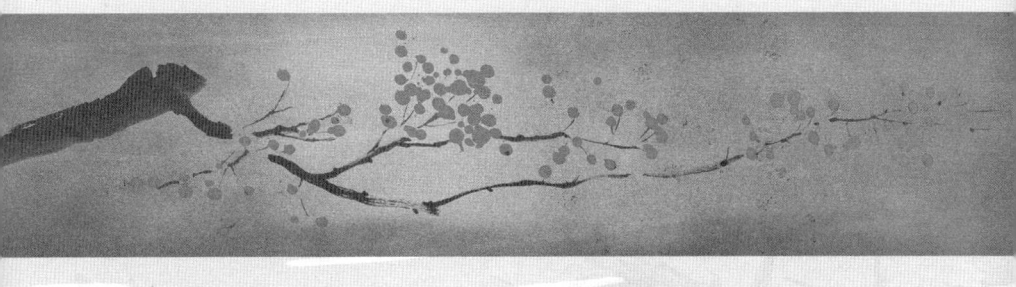

자식 바보

자식에게 있어 부모의 짐이란 어디까지일까.
학업 취업 결혼 등등
보이는 결과보다는 보이지 않는 마음고생 기원 기도
더욱더 정확한 정보와 지혜를 갖고 살아가는 자식이라 할지라도
부모는 미덥지 못해 속 태우는 게 자식 바보가 아닐까.
스스로 지혜 있는 체하지 말라
즐거워할 때 즐거워하고 울 때 함께 울어주면 되는데

멋진 오늘의 주인공 명선, 우리 사위!

결혼을 진심으로 축하한다.
남자는 결혼하고 아빠가 되어도 어른이라 말하기 어려운 게 남자란다.
하나 결혼을 시작으로 새로운 책임과 의무가 따르며 스스로 모든 것을 해결해야 하는 지혜가 필요하며 지혜 가운데 어른이 되어가지. 사랑을 표현하는 것 부부간의 갈등, 싸움까지 모든 것에 지혜가 필요하며 지나고 나면 옹졸한 자신의 모습에 허탈한 웃음을 짓기도 하는 게 남자가 아닌가 싶다.
오늘의 주인공인 명선이 또한 그 길을 걷게 될 게다.
여자는 남자와 다르다는 것 인정하며 살기 부탁한다.
딸을 결혼을 시키는 게 아니고 딸을 시집보내는 것이 아닌 딸이 좋아하는 사람과 행복을 꿈꾸며 아름다운 삶을 살아가겠다고 하기에 허락하고 응원하는 것이다.

　나는 명선이 성실한 모습과 진솔한 마음가짐을 익히 잘 알고 있으며 훌륭한 부모님 슬하에서 건실하게 성장한 멋진 청년임을 잘 알고 있다.

　멋진 사위를 얻는 나는 감사하고, 또 감사하다.

　이제 가정을 가꾸고 아름답게 꽃피울 수 있도록 서로가 존중하고 힘이 되어 행복한 가정을 꾸려가길 축복하마.

　부모로서 항상 기도하고 너희 둘 가정에 축복이 충만할 수 있도록 노력하마.

　다시 한번 오늘 결혼을 축하한다.

　_아버지

祝 眞珠婚式(축 진주혼식)
_1989년 9월 17일 결혼 30주년

지나온 시간을 돌이켜 보며……

사랑하고 사랑했기에 지켜온 시간
눈물겹도록 감사한 아름다운 당신
그대 있어 너무 행복했고 행복합니다
힘든 시간도 많았고 좋은 시간도 있었지요
현명한 당신과 만남은 운명이지만
그 만남은 나에게 있어 행운이라 믿고 있습니다
늘 부족하기 끝없는 나에게
자신감을 세울 힘을 실어주는 당신의 마음
항상 잘 알고 있다오
감사하오! 고맙소! 사랑하오!
우리 서로 더욱 건강히 살아갑시다
이 세상 모든 것 다 드려도 부족할 터인데
항상 마음뿐이니
그저 당신에게 미안할 뿐인 내가 밉구려
멋이라곤 찾아보기 힘든 사람, 한칠수
우리 결혼 50주년(금혼식), 60주년(회혼식)에는

서로의 멋있는 이벤트를 만듭시다.
누구 하나 아픔 없이 건강히 가족들과 함께하는
행복한 이벤트를 상상하며 그 꿈을 실현해봅시다
감사하오! 고맙소! 사랑하오! 축하하오! 결혼 30주년을……

_사랑하는 인생의 파트너, 동반자 한칠수

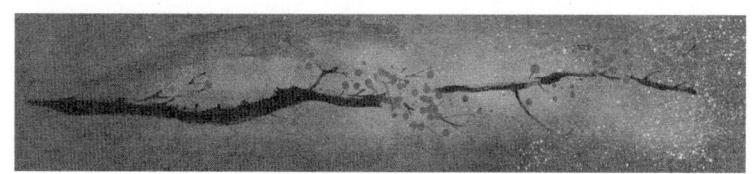

내 동생들

동생들을 떠올리면 감사하고, 고맙고, 미안하다.
모든 게 동생들 덕분이란 단어가 먼저 떠오른다.
사랑한다는 말은 해본 적 없지만, 그 마음 알아주리라.
어느 집안이나 장남이 잘되어야 그 가정이 올바로 지탱한다는 말이 있다.
그래서일까.
맏이로서 부족함이 많지만, 동생들이 항상 채워주고 있다.
가족관계 속내는 자랑거리도 아니지만, 동생들을 자랑하고 싶다.
부모님 살아생전 자식으로서 최선을 다하는 모습 지켜보았고 형제자매 서로 의지하며 살아가고 있다. 자식들 모습 부모님 하늘나라에서 지켜보시리라.

가까이 살면서 항상 형에게 뭐든지 나누려고 하는 마음이 부자인 동생. 형제간 우애는 남들이 어떻게 평가할지 모르지만, 아름답게 비치리라 확신한다. 고향 주변 어르신들 동생에 대하여 칭찬이 자자하니 감사하고. 성실히 살아가는 모습에 많은 것을 느꼈다.

형에게 어찌 서운함 없겠는가.

부족함이 있다고 해도 형제이기에 말하지 않았으리라. 부모님께서 물려주신 유산 정리에 부모님 뜻 받들고 형의 부담을 덜어 주어서 감사하다. 제수씨의 따뜻한 마음 잘 안다.

맏이인 내가 여유가 있었다면 모든 유산 돈으로 환산하여 배분했을 것이다.

그러지 못했음은 동생들에게 미안하다.

우리 두 여동생

부모님 유산을 모두 오빠들에게 양보했다.

고맙다. 오빠에게 힘들다는 표현 한 번 하지 않은 여동생들이다.

오히려 오빠를 걱정하며 잘 살아가고 있으니 부끄럽다.

부모님께서 두 아들, 가까이에서 든든한, 딸들의 사랑으로 사셨다.

두 딸에게 항상 고맙다고 표현하셨다.

자랑하고 싶은 게 많으셨으리라.

딸 덕에 비행기 탄다는 말은 우리 부모님께는 부인할 수 없는 사실이다.

　오빠에게 서운한 마음 생길까 봐 항상 의견을 묻고 실행하던 동생들이다.

　두 여동생, 매제들에게도 감사하다.

　훌륭한 인성과 따뜻한 성품 우리 가족에게 귀인으로 오셨다.

　여동생 둘 다 존중받고 살아가니 축복이다.

　자식들 모두 성인이 되었으니 이제는 본인들의 건강을 관리해야 할 때다.

　부모님께서 모두에게 건강 물려 주심 감사하다.

　동생들 모두 항상 건강하길 바라본다.

　이 세상 살아가며 서로 의지하고 응원하며 부모님이 주신 인연에 감사하며 살아갈 수 있게 해 주심 감사하다.

　아름다운 인연이 서로에게 축복으로 이어지길 바라본다.

　그 가정 가정마다 복된 삶이 근원이 되고 사랑이 꽃피어. 풍성한 결실 맺기를 원한다.

　내 동생들 사랑한다.

나는 알 수가 없네

하늘 높이 나는 저 새들의 무리
친구일까 가족일까
삼삼오오 무리 지어 어디로 향하나?
나는 알 수가 없네

바람을 타고 가나, 날갯짓이 없네
하늘길 안내 누가 할까!
길 안내자 따로 있나?
나는 알 수가 없네

긴긴 여정 지치면 어디서 쉴까
아프고 힘든 노약자는
누군가는 치료하겠지
나는 알 수가 없네

이삿짐 하나 보이지 않네
두고 떠나는 걸까
새로운 터전에 집을 지었나

나는 알 수가 없네

구름 사이 비치니 한 폭의 그림인데
긴 여정 종착지는 어딜까
다시 돌아올 수 없는 길은 아닌지
나는 알 수가 없네

막걸리 심부름

엄마가 막걸리 심부름을 시킨다
돈 몇 닢 손에 쥐고 주막으로 달려간다
마을 삼거리 입구에 있는 주막집
그곳은 항상 윷놀이가 펼쳐진다
이웃 동네 아저씨 우리 마을 아저씨도 있다
모두 윷놀이에 정신이 팔려있다
환성도 터지고 핀잔도 서로 주고 받는다
주막집 주모는 손님 온 줄도 모른다
막걸리 주세요
오! 그래 그래
잠시 기다리라 한다
아저씨들 윷놀이 판을 기웃거린다
주막집 주모는 술독을 열고
술독에 물을 한 바가지 붓고는 휘젓는다
맛을 보는 걸까
한 모금 마시고 고개를 끄덕인다
물을 섞어도 맛은 변함이 없다는 눈치다
콸콸하게 주전자에 막걸리를 담아준다

많이 드렸다고 굳이 말한다
네 아부지 막걸리 기다리니
조심히 잘 가라 배웅까지 한다
가득 찬 주전자에 막걸리가 출렁인다
물을 섞는 막걸리 맛이 궁금해진다
누가 볼까 봐 길모퉁이 돌아서 한 모금 마시니
달콤하다, 한 모금 더 마신다
잠시 걷다가 잠깐 쉴 때면 목말라 또 한 모금
집에 도착하니 엄마는 많이 흘렸다며 조심하지 한다
나는 대꾸를 하지 않는다
울 아부지 한 대접 시원하게 드신다
물로 간 맞춘 텁텁한 막걸리
저렇게 맛있나!
어린 날 술 심부름하다 물을 섞는 막걸리, 그 맛 알았다.

삶의 지혜

 성당을 나가기 시작하면서 주변 교우 권유로 me라는 단체에서 모임 활동을 하고 있다.
 부부가 나눔이란 시간을 통하여 서로가 동일한 주제를 가지고 느낌과 대화를 통하여 내가 살아가고 있는 삶을 이야기하고 상대방 부부의 생각을 들어보며 나눔 속에 생활의 지혜를 배운다.
 어제 나눔 주제는 부부가 배우자를 위해 특별한 음식을 마련한 적이 있는지. 그 준비한 음식이 기억에 있다면 어떤 음식인지 느낌을 나누는 시간이었다.
 주제를 접하고 보니 아내를 위해 음식을 마련해본 기억이 없었다.
 부끄럽다기보다는 아내에 대한 배려나 감동을 나누기 위해 진정 내가 무엇을 했었지 하는 생각이 밀려왔다.

항상 잘해야겠다, 하는 생각으로 살아왔지만 어찌 보면 마음 아프게 하지 않으려고 했을 뿐 감동 나눔에는 전혀 생각하지 못하고 살아왔지 않나 하는 생각을 하게 되었다.

음식에 관한 나눔을 갖고 보니 남편들이 배우자에게 음식을 통해 감동을 서로 나누고 있음을 알았다.

음식을 잘하고 못 하고를 떠나 준비하는 마음에 서로가 감동받기에 충분했다.

우리 부모님 살아오신 모습이 번뜻 스쳐갔다.

아버지께서 어머님 살아생전 손수 밥상 차리는 모습을 본 적이 없다.

바쁜 농사일과 중 식사 때면 식사 준비와 설거지는 어머님 몫이었고 식사 준비가 조금만 늦어도 늦다고 당신은 이야기하면서도 식단 준비에 도움은 주시지 않았던 것 같다.

보고 자란 환경이 무엇일까 생각해 본다

나 또한 아버지와 별다르지 않은 것 같다.

몸이 아파 힘들어할 때면 그냥 주문해서 음식을 권유했던 적은 있지만 손수 아내를 위해 영양식을 만들어 차려 본 기억이 없다. 생각조차 못했다.

배우자를 위해 음식으로 배려와 사랑을 나누고 있음에 나는 몹시 부끄러웠다

보고 배운 것이 얼마나 중요한가.

나이 들어 me부부 모임을 통해 자신을 발견하고 배울 수 있

음에 감사하다.

　누군가는 단순한 김밥을 준비하면서도 의미를 가질 수 있도록 정성을 다한다고 하니 배우고 싶고 아름다운 지혜가 아닌가 싶다.

　사랑하는 누군가를 위해 음식 요리하는 방법을 배운다는 이야기를 들었지만. 남편이 아내를 위해 요리를 배운다는 생각은 하지 못했다.

　음식을 통해 남편에게 감사해하고 사랑스럽게 이야기하는 교우 모습에 올 아내는 무슨 생각을 했을까.

　당신도 좀 배워 보세요. 저렇게 살아간다면 얼마나 좋겠소. 당신에게 기대를 해보겠소 등등 긍정적인 기대감을 가질까.

　누구나 할 수 없지요. 당신은 느낀 것 없지요. 기대하느니 내가 바라지 않겠다 등등 부정적인 낙담을 할까, 점칠 수 없다.

　나눔 시간, 보고 느낀 점이 많다.

　삶의 지혜는 실천에 있지 않은가!

　올 아내는 욕심쟁이가 아니다. 작은 배려를 요구할 뿐.

용기

누군가 한 발자국 나서는 것
대단함은 두 발자국 걸을 때

나의 생각은 한 가지 의견일 뿐
스스로 어리석다 받아들인 것

나만의 고민을 나눌 줄 아는 거
경험자의 지혜를 실천해 보는 거

생각을 깨워서 실천해 보는 거
자신을 믿고 자신을 칭찬하는 거

나는 찔레꽃

이름 모를 새 한 마리 씨앗 물어와
개천가에 놓고 어디론가 날아갔지

개울물 따라 흘러 다다른 모래 언덕
자리 잡고 싹 틔워 꽃을 피웠네

누구 손길 한 번 받은 적 없지만
태양 아래 새하얗게 눈부시네

지나가던 나그네 가던 길 멈추고
물끄러미 나에게 눈 맞춤하네

그대 나그네 나와 무슨 인연 있나
가던 길 멈추고 자꾸만 뒤 돌아보네

친구의 선물

친구로부터 시간 되면 부부간 한 번 보자고 연락이 왔다.

시간이 허락한다면 아내와 상의하여 퇴근 후 고흥 풍류해수욕장에서 서로 만나자는 제안이었다.

여행을 좋아하는 친구는 아내와 차박을 하며 여행을 자주 다니는 고등학교 선생님이다.

1박이 가능하면 좋겠고 어려우면 얼굴 보고 가라는 제안에 아내와 나는 좋다고 했다.

마침 지방선거일이 휴일이라 1박을 할 수 있었다.

고등학교 같은 반 급우로 만난 친구.

결혼 후 자녀를 키우면서 야외에서 삼겹살 파티, 낚시 여행, 해외여행 등 부부간 부담 없이 만나 이야기하고 가정사 모든 것을 이야기할 수 있는 좋은 친구다.

세면도구와 이불 베개만 가지고 오면 된다고 한다.

아내와 나는 야영을 해 본 경험이 없던 터라 기대도 되었다.

고흥 풍류해수욕장 방풍림에서 텐트를 치고 하룻밤 보낸다 하니 아내가 좋아한다.

퇴근하여 마트에서 막걸리 맥주를 준비하여 출발했다.

약 40분 걸려 도착하여 보니 해수욕장 방풍림 숲속에 우리 부부를 위한 텐트 별동을 설치해놓고 숯불에 갈비를 굽고 있었다. 친구는 우리 도착 전 구워 먹었다고 음식을 권했다.

떡갈비에 손수 마련해온 음식으로 안주하며 막걸리, 맥주, 소주 한 잔 한 잔 기울이며 그동안 만나지 못했던 시간에 아쉬움과 가족사 이야기로 하룻저녁을 뜻깊게 맞이했다.

넓은 해수욕장에 야영하는 팀은 서너 팀, 파도 소리만 귓전에 들렸다.

친구 부부는 차박 한다며 우리 부부가 이용할 텐트에 충전식 전기장판 모기 퇴치 용 등까지 설치하여 주면서 편한 시간 갖고 내일 아침에 보자고 했다.

야영이 불편할 줄로 생각했는데 무척 편하게 잠을 잘 수 있어 좋았다.

평소 파도 소리를 좋아했던 나는 자장가처럼 들리는 파도 소리가 너무 좋았다.

친구 아내는 아침에 별식 준비에 바쁘다. 팥으로 만든 손칼국수였다. 아침 식사를 마치고 해변가를 걸었다. 약 6km 넘는 방

조제를 지나 고흥군에서 조성해놓은 해변을 걸어 돌아오니 9천 보 정도 걸었다고 한다. 친구가 점심을 준비하겠다고 하면서 자기만에 라면 끓이는 비법이 있다면서 요리해줘 점심으로 잘 먹고 과일로 후식까지 잘 대접을 받았다.

식후 설거지 일부 도와주었지만 그냥 쉬고 먹고 힐링 시간을 가져 본 시간이었다.

친구는 항상 아내와 주말이면 이런 시간을 갖는다고 한다.

차박을 위해 캠핑카는 아니지만 차를 구입했다고 했다.

코로나로 답답할 때 이런 야영시간을 약 30회 이상 전국을 누비고 다녔다 하니 대단하다. 함께하고 싶어도 부담을 가질까 선뜻 함께하자는 이야기를 할 수 없다고 했다.

혹 기회가 되어 같이 할 수 있냐고 물었을 때. 함께하지 못함에 절대 미안해하지 말라고 했다. 그 뜻을 잘 안다.

친구가 많은 생각에 우리 부부에게 야영시간을 배려했음을….

친구야! 고맙다. 감사하다.

친구의 선물, 우리 부부에게는 큰 감동이었어.

아내가 이야기한다.

참 당신은 멋진 사람이란다.

좋은 친구 멋진 친구가 있으니….